微信视频号

从小白到高手

内容创作 + 短视频运营 + 直播引流 + 商业应用

东麓文化◎著

化学工业出版社

·北京·

内 容 简 介

视频号是依托微信这个巨大流量池所推出的短视频平台，本书从账号打造、内容制作、视频引流、视频变现等多个层面入手，深入讲解了视频号创建和运营的底层逻辑和相关技巧。

全书共8章，按照视频号运营的流程，详细介绍了创建视频号的基本过程、内容制作、平台玩法、短视频的拍摄及变现等。本书还分享了生态矩阵的联动、账号运营、变现手段等视频号运营者切实关心的内容，使读者了解和掌握运营视频号需要具备的核心技能。

本书内容丰富，讲解深入，适合广大自媒体创业者和以短视频为营销方式的电商等相关人员阅读，也可以作为培训机构学员、新媒体运营人员的参考书。

图书在版编目（CIP）数据

微信视频号从小白到高手：内容创作＋短视频运营＋直播引流＋商业应用 / 东麓文化著 . —北京：化学工业出版社，2024.8

ISBN 978-7-122-45724-0

Ⅰ . ①微… Ⅱ . ①东… Ⅲ . ①网络营销 Ⅳ . ① F713.365.2

中国国家版本馆 CIP 数据核字（2024）第 105452 号

责任编辑：王婷婷　　　　　　　　　　封面设计：异一设计
责任校对：李雨晴　　　　　　　　　　装帧设计：盟诺文化

出版发行：化学工业出版社（北京市东城区青年湖南街13号　邮政编码100011）
印　　装：大厂聚鑫印刷有限责任公司
710mm×1000mm　1/16　印张13¼　字数268千字　2024年8月北京第1版第1次印刷

购书咨询：010-64518888　　　　　　售后服务：010-64518899
网　　址：http://www.cip.com.cn

前　言

随着互联网的深入发展，社交媒体已经渗透到我们生活的方方面面，成为我们获取信息、表达自我、交流思想的重要平台。微信，作为国内领先的社交平台，以其庞大的用户基础和强大的社交功能，赢得了广大用户的喜爱。而微信视频号，作为微信生态中不可或缺的一环，更是为众多创作者提供了一个展示才华、分享知识的舞台。

本书旨在为初学者提供一本全面、系统、实用的视频号运营指南。从微信视频号的基础知识讲起，逐步深入到视频内容的创作、编辑与发布，再到运营、引流变现等关键环节，通过对本书的学习，读者能够快速上手，由初学者转变为合格的视频创作者。

◎ 本书特色

·8大主题内容，全面精通视频号运营

本书按照视频号运营的流程，从"账号创建、定位、创作、拍摄、剪辑、运营、引流、变现"八大主题内容展开详细解说，旨在帮助读者真正掌握并玩转微信视频号。每个章节相对独立，不同基础的读者可以根据自己的学习需求，选择合适的学习起点，轻松上手。

·28种拍摄技巧，助您成为拍摄高手

无论是专业摄影师还是业余爱好者，掌握拍摄技巧都能使拍摄出的照片或视频更具艺术性和观赏性。本书总结了28种拍摄技巧，如"推、拉、摇、移、跟、升/降"等11种运镜手法、9种拍摄构图技巧等，可以帮助读者成为拍摄高手，拍摄出满意的作品。

·8种运营方法，全面提升视频号价值

本书作者精心总结了8种极具实用价值的运营小方法，如"调查研究法、观察分析法、比较研究法"等。这些方法不仅能帮助优化内容创作策略，提升用户互动体验，还能帮助读者精准定位目标受众，全面提升视频号价值。

·15种引流方式，助您粉丝百万

本书结合了15种高效的引流方式，如"朋友圈引流、公众号引流、其他平台引流、线下引流"等，通过深入挖掘各种引流渠道和策略，为读者提供全方位的引流解决方案，让您的视频号在竞争激烈的市场中脱颖而出。

无论您是新手还是有一定经验的运营者，无论您关注的是内容创作的技巧、用户互动的策略，还是精准引流的秘籍，本书都将为您提供全面而深入的解答。通过阅读本书，您将能够系统地掌握视频号运营的关键要素，提升您的运营水平和能力，实现粉丝量的快速增长和影响力的持续提升。

◎ 适用人群

本书的读者群体广泛，涵盖了自媒体创业者、短视频营销领域的电商，以及培训机构、新媒体公司和短视频电商用户等多类人群。

◎ 学习方法

为了在阅读过程中有更好的阅读体验，建议读者按章节顺序逐步阅读。每一章都精心设计了内容，以帮助读者循序渐进地了解和学习。同时，根据实际需要，读者可以在阅读过程中进行实际操作，这将有助于更深入地理解相关功能并提升实际应用能力。

随书赠送50集剪映视频讲解课程，微信扫描下方二维码即可获得。

目　录

第 1 章
轻松入门，快速了解微信视频号

微信视频号是一个内嵌于微信的短视频平台，用户可以在上面观看和发布短视频，也可以进行直播、互动等操作。它为创作者提供了一个展示自己才华和分享生活的平台，也为商家提供了一个新的营销和推广渠道。

1.1 简单介绍：认识微信视频号

微信视频号是2020年1月22日腾讯公司官微正式宣布开启内测的平台。它是一个人人可以记录和创作的平台，也是一个了解他人、了解世界的窗口。

1.1.1 视频号——人人都可以创作的平台

随着5G时代的到来，网络媒体的内容形态正逐渐从图文向视频过渡。短视频的崛起和流行已深刻改变了众多用户的生活方式和娱乐习惯。以抖音、快手、火山小视频等为代表的热门短视频平台，正在占据大量用户的休闲时间，成为人们生活中不可或缺的一部分。这一现象不仅吸引了众多用户的关注，也引发了平台和企业的商业洞察，大家都纷纷把握这一商机，以谋求更大的发展机遇。

值得一提的是，在微信推出视频号之前，该公司已经先行探索了一系列短视频功能。例如，朋友圈中的"微视"视频及"看一看"小程序等，都是微信在短视频领域的尝试和创新（如图1-1所示）。

图 1-1

微信视频号是2020年1月22日腾讯公司官微正式宣布开启内测的平台。微信视频号不同于订阅号、服务号，它是一个全新的内容记录与创作平台，也是一个了解他人、了解世界的窗口。

视频号内容以图片和视频为主，还能带上文字和公众号文章链接，而且不需要PC端后台，可以直接在手机上发布。视频号支持通过点赞、评论进行互动，也可以转发到朋友圈、聊天场景，与好友分享。

视频号在微信中的位置非常显眼，位于"发现"页中"朋友圈"下方，与用户的朋友圈基本平级，非常有利于培养用户的使用习惯。但与朋友圈的私域流量池不同，视频号不仅能让用户看到好友的动态，还能接触到明星和其他知名人士的内容，实现了"私域+公域"的完美结合。

2023年1月10日，在2023微信公开课PRO上，视频号团队介绍，2022年总用户使用时长已经超过了朋友圈总用户使用时长的80%。视频号直播的看播时长增长156%，直播带货销售额增长800%。

1.1.2　深入了解其功能特点

下面介绍视频号的功能特点，帮助运营者更深入地了解视频号，方便以后进行精准定位和精细化管理。

（1）发布限制

视频号目前可以智能发布30分钟以上的视频或者9张以内的图片。运营者在视频号平台上发布的内容可以直接调用系统相机进行拍摄，也可以从相册选择，如图1-2所示。不过运营者需要注意的是，短视频时长最短不能少于3秒。

（2）视频自动播放

视频号内的短视频内容都是自动循环播放的，视频播完之后会自动重播，不会跳到下一个视频。

（3）视频号的标题辅助表达

视频号的文字介绍部分（包括标题）最多可以写140个字，但不会全部显示，可以显示3行（约65个字），其余的会被折叠，用户点击标题后便可看到全部内容。

如图1-3所示，第一个视频号的文字介绍较短，所以能全部显示，而第二个视频号的文字介绍部分较长，想要观看全部内容就必须点击标题。

图 1-2

图 1-3

（4）点赞、评论、收藏和转发

点赞、评论、收藏和转发功能都在视频号的右下角。目前短视频有两种点赞方式，运营者既可以双击视频，也可以点击下方的点赞按钮进行点赞。当评论的文字过长时会被隐藏，需要点开评论才能看到全部，如图1-4所示。所以一般来说，不建议大家写很长的文字内容，这样不利于用户点赞、评论、收藏和转发。

图 1-4

1.1.3　短视频账号类型

根据短视频的内容和定位，大致可以将视频分为以下5种类型。

1. 品牌类

对品牌运营者而言，一个优秀的平台应能支持广告营销活动的开展。视频号正是一个这样的平台，它对品牌广告的限制较少。因此，众多品牌运营者纷纷选择在视频号上注册账号，并通过该平台实施品牌广告营销，以期获得更好的宣传效果。

2. 短视频号

短视频号的运营者大致可以分为以下3类。

（1）有一部分运营者此前从未涉足短视频领域，他们希望借助视频号这一平台，通过发布短视频来吸引用户的关注，进而在视频号中构建自己的独特品牌形象。对这部分运营者来说，视频号不仅是他们发布短视频的阵地，更是他们塑造个人IP的重要舞台。

（2）还有一些运营者已经在其他短视频平台上运营过账号，但效果并不理想。对这部分运营者来说，视频号作为一个新兴的平台，给他们提供了重新开始的机会。他们可以利用视频号刚推出不久的优势，重点投入运营，尽早享受视频号带来的红利。

（3）还有一部分运营者已经在其他短视频平台积累了一定的粉丝基础。他们可以将自己的短视频同时上传到视频号平台和其他平台，通过多渠道发布，扩大短视频的覆盖面，同时也能增强自己在短视频领域的综合竞争力。这种策略不仅能够帮助他们进一步提升影响力，还能够巩固他们在短视频领域的地位。

例如，某账号在抖音拥有100万粉丝，已经算是一个小有名气的博主了。即便如此，该账号的运营者也进行了视频号的运营。图1-5所示为该运营者在视频号和抖音上发布的短视频，可以看到内容是完全相同的。该运营者就是通过一个短视频多发的方式，进行多个短视频账号的运营。

图 1-5

3. 图文媒体号

图文媒体号涵盖的范围相当广泛，诸如微信公众号、今日头条、一点资讯等，这些以发布图文信息为主的账号，都被归类为图文媒体号。

对图文媒体运营者而言，视频号无疑是一个出色的内容发布平台。视频号允许单次发布最多9张图片，同时它依托的是流量巨大的微信平台。因此，只要发布的图文信息足够优质，就能够迅速吸引大量用户的目光。

以微信公众号运营者为例，他们可以在发布的图片内容中插入微信公众号的链接，如图1-6所示。通过这种方式，视频号运营者不仅能够通过图文信息吸引用户的关注，还能通过内容中的链接，有效引导视频号的用户转向关注微信公众号，从而实现跨平台的用户引流和互动。

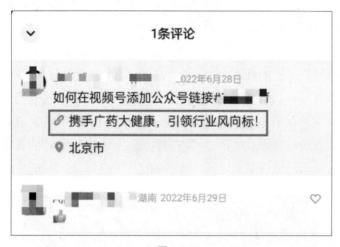

图 1-6

4. 电商和微商号

尽管视频号目前尚未具备像抖音等短视频平台那样的功能，即在发布内容中直接插入商品链接，但它却巧妙地以微信公众号为桥梁，实现了卖货和带货的目标。因此，对电商和微商而言，视频号依然是一个极具潜力的平台。

举例来说，某微商在视频号发布的内容中嵌入了公众号链接，如图1-7所示。当用户点击这个链接时，他们会被引导至微信公众号的文章界面。在这篇文章中，该微商巧妙地放置了个人微信号的二维码。用户只需长按并识别这个二维码，便能轻松添加微商的微信，如图1-8所示。一旦视频号用户添加了微商的微信，微商就可以通过微信直接向这些用户推销自己的商品。这种巧妙的引流和转化方式，使得视频号成为电商和微商拓展业务、提升销售的新渠道。

图 1-8

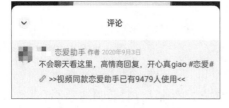

图 1-7

5. 培训营销号

对培训机构而言，拥有更多的营销平台总是利大于弊。视频号作为一个流量庞大的平台，运营成本相对较低，因此在视频号上线初期，许多培训机构便纷纷注册了账号。拥有视频号账号后，这些机构可以发布与自身业务相关的内容，进行有效的营销推广，进而提升知名度。如图1-9所示，某培训机构在视频号上发布的内容便是一个生动的例子。

图 1-9

　　随着在视频号上发布的内容不断增加，培训机构的专业性也会逐渐显现。当这些机构想要销售课程或招收学员时，其展现出的专业性往往能吸引大量用户的关注与兴趣，从而实现更好的营销效果。因此，对培训机构来说，视频号不仅是一个提升知名度的平台，更是一个展示专业性、吸引潜在学员的重要渠道。

1.1.4　视频号的推荐机制

　　视频号是基于微信生态的，相比其他平台多了很多社交属性，所以视频号的推荐机制目前主要有4种。

1. 社交推荐

　　视频号处于微信社交生态之中，天然具备了社交基础和强大的流量后盾，因此，基于社交的内容推荐机制也成为了视频号核心特色推荐机制。

　　社交推荐其实就是视频号会根据用户的好友发布、点赞、关注、评论、转发等行为，为用户优先推荐相关视频（如图1-10所示）。

图 1-10

　　推荐逻辑类似于公众号的"看一看"功能，用户能在"看一看"中看到朋友喜欢的文章。视频号则是让用户在首页核心入口便可以看到好友互动过的内容，这就是强社交联系推荐算法的逻辑。

2. 算法推荐

视频号的核心机制是利用私域流量来撬动更广泛的公域流量。当用户的视频受到朋友的点赞时，系统有可能会将这条视频推荐给朋友的朋友，从而扩大其影响力。因此，视频号运营的关键在于提升视频的点赞量和关注量。系统会在视频发布后的多个时间节点，如3小时、6小时、18小时，以及后续的48小时和72小时进行内容推荐。

下面通过一个具体的例子来说明这一过程。

（1）在视频发布后的第一个24小时内，算法首先会将视频推荐给用户的微信通讯录联系人观看。由于这些人与用户存在直接的联系，因此被视为强关系。算法会评估视频的多个指标，包括打开率、观看完成率、点赞数、转发数、收藏数和评论数。如果这些指标表现良好，视频将进入下一轮的推荐。

（2）进入第二个24小时，算法会将表现优秀的视频推荐给用户的二度人脉，即用户朋友的朋友。这些人可能存在于用户的微信通讯录联系人的微信通讯录中，或者与用户共同存在于某些微信群中。即使某些人与用户不是直接的好友，但由于共同的社交圈子，他们仍然被视为二度人脉。同样，算法会再次使用与第一个24小时相同的指标来评估视频的表现。

（3）在第三个24小时内，表现持续优秀的视频将被推荐给用户的三度人脉，即用户朋友的朋友的朋友。

（4）这一过程将以此类推，不断扩大视频的受众范围。

通过这种方式，视频号能够有效地利用私域流量来吸引更广泛的公域流量，从而实现内容的广泛传播和影响力的扩大。这就是视频号的算法推荐。

3. 兴趣推荐

微信算法会根据用户在微信群、朋友圈、公众号等微信生态系统的浏览轨迹，提取关键词信息，然后匹配与用户最近关注信息相关的微信视频号内容。

比如，用户是一个喜欢美食烹饪的人，关注了很多美食领域的公众号，也经常在朋友圈发布相关的内容，那么视频号就会为用户推送美食领域的内容。

4. 同城推荐

微信号能获取用户手机定位的信息，因此视频号也会根据用户的手机定位信息，优先推荐同城的内容。基于地理位置服务，可以衍生很多外延的机会，比如线下商家可以通过这一点来提供商业服务。

1.1.5 视频号的注意事项

每个平台都有它的规则，视频号也是如此。因此，在视频号的运营过程中，运营者需要了解该平台的规则。一定要特别注意一些与规则相关的事项，避免违规运营。

1. 违规运营，会被封号

如果运营者违规运营视频号，将会面临封号的风险（视频号官方的说法是"平台可能会拒绝向该视频号及其使用人提供服务"）。究竟哪些违规行为可能会面临封号的风险呢？《微信视频号运营规范》第六条进行了大致说明，如图1-11所示。

六、遵守平台要求

6.1 若腾讯自行发现、收到他人投诉用户的行为或发布的内容不符合本规范或经监管机关依法要求时，腾讯有权在不另行通知的情况下采取减少推荐、删除内容、暂停或终止提供视频号相关服务等处理措施，并有权拒绝向违规账号主体提供服务，如：限制与该主体相关账号功能、封禁与该主体相关账号等，同时，腾讯有权保存相关信息，配合监管机关调查并公告处理结果。若用户对腾讯的处理有异议，可按照页面指引发起异议申请或申诉。

6.2 视频号可以进行认证，认证主体同意认证即视为同意遵守《微信视频号运营规范》和《视频号认证服务条款》，认证后该视频号视为认证主体使用，相关权利义务由该认证主体承担。视频号的认证主体应对视频号的管理员和运营者进行管理，并对他们的行为承担责任。未进行认证的视频号，由创建时的微信账号主体承担该视频号的相关权利义务。

6.3 如果平台发现并有合理理由判断你的账号名称、头像、简介、背景图片、背景音乐以及发布的内容、评论存在较高的侵权可能性（比如信息带有权利标识但缺乏授权、内容来源明显不当），可能会自动限制该部分信息的传播。

6.4 发布以下内容，应进行显著地标识，避免对其他用户造成误导混淆，如：利用新技术（如虚拟现实、深度学习）生成或合成的非真实的音视频内容；发布剧情演绎等虚构的内容（如通过剧情演绎方式创作、发布虚构内容）。对以上内容未进行显著标识，且刻意利用此类音视频内容（如虚假摆拍）获取流量进行不当营销的账号，将从严处罚。

6.5 你使用视频号过程中上传、发布的全部内容，均不会因为上传、发布行为发生知识产权、肖像权等权利的转移。与此同时，你理解并同意平台为实现产品目的，会对你的内容进行使用，包括但不限于允许微信个人账号用户予以分享、转发、收藏、在微信相关功能中予以引用或展示（如音乐视频、语音通话、状态等），允许微信公众账号（简称"公众号"）、企业微信账号予以引用或展示，出于为你宣传或介绍功能等目的以一定的方式在腾讯集团相关产品或外部渠道推广你的内容或素材。部分场景你可以自行设置是否允许引用或展示。带有侵权素材的内容，不允许上传、发布，平台一经发现将有权立即停止、限制对其的推广或传播。为避免疑义，你理解并同意，前述使用的范围包括使用你的头像、昵称、你拥有或被授权使用并展示在内容中的肖像、姓名、商标、名称、标识、音乐以及任何其他品牌、营销或推广素材等内容。

6.6 我们重视对未成年个人信息及隐私的保护。我们特别提醒你谨慎发布包含未成年人素材的内容，你应当取得权利人同意展示未成年人的姓名、肖像、声音、行为等个人信息，且允许我们依据相关协议及规则使用、处理该等与未成年人相关的内容。若我们自行发现或根据相关部门的信息、权利人的投诉等发现用户可能存在侵犯未成年人合法权益情形的，我们有权不经通知随时对相关内容进行删除、屏蔽，并视行为情节对违规主体相关账号处以包括但不限于警告、限制或禁止使用部分或全部功能、账号封禁直至注销、回收账号的处罚，并公告处理结果。

图1-11

在该规范的第四条和第五条中列出了可能会进行封号处罚的违规行为。《微信视频号运营规范》第四条列出了恶意使用视频号的一些运营行为。《微信视频号运营规范》第五条对传播不良信息的一些运营行为进行了说明。如果运营者在运营的过程中传播不良信息，同样可能面临封号的风险。图1-12所示为《微信视频号运营规范》第五条的具体内容。

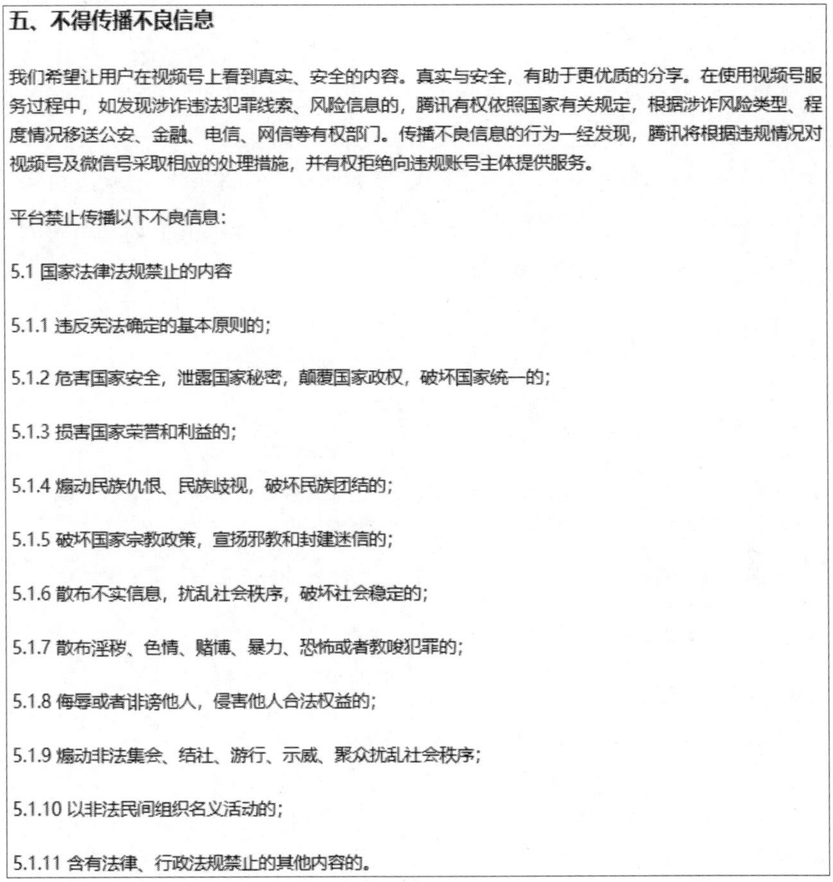

五、不得传播不良信息

我们希望让用户在视频号上看到真实、安全的内容。真实与安全，有助于更优质的分享。在使用视频号服务过程中，如发现涉诈违法犯罪线索、风险信息的，腾讯有权依照国家有关规定，根据涉诈风险类型、程度情况移送公安、金融、电信、网信等有权部门。传播不良信息的行为一经发现，腾讯将根据违规情况对视频号及微信号采取相应的处理措施，并有权拒绝向违规账号主体提供服务。

平台禁止传播以下不良信息：

5.1 国家法律法规禁止的内容

5.1.1 违反宪法确定的基本原则的；

5.1.2 危害国家安全，泄露国家秘密，颠覆国家政权，破坏国家统一的；

5.1.3 损害国家荣誉和利益的；

5.1.4 煽动民族仇恨、民族歧视，破坏民族团结的；

5.1.5 破坏国家宗教政策，宣扬邪教和封建迷信的；

5.1.6 散布不实信息，扰乱社会秩序，破坏社会稳定的；

5.1.7 散布淫秽、色情、赌博、暴力、恐怖或者教唆犯罪的；

5.1.8 侮辱或者诽谤他人，侵害他人合法权益的；

5.1.9 煽动非法集会、结社、游行、示威、聚众扰乱社会秩序；

5.1.10 以非法民间组织名义活动的；

5.1.11 含有法律、行政法规禁止的其他内容的。

图 1-12

运营者在运营视频号的过程中，一定要遵守《微信视频号运营规范》。特别是该规范中第四条、第五条列出的行为，在运营视频号的过程中千万不要轻易去触碰。

2. 侵权内容，会被限流

无论是哪个平台，都不会鼓励侵权。如果视频号的相关内容存在侵权问题，那么相关内容会被限流，甚至是直接限制传播。《微信视频号运营规范》第六条

第3点对侵权限流的相关内容进行了说明，如图1-13所示

> 6.3 如果平台发现并有合理理由判断你的账号名称、头像、简介、背景图片、背景音乐以及发布的内容、评论存在较高的侵权可能性（比如信息带有权利标识但缺乏授权、内容来源明显不当），可能会自动限制该部分信息的传播。

图 1-13

3. 诱导分享，会被处罚

视频号禁止诱导分享，如果视频号发布的内容包含诱导分享的信息，那么相关账号将会受到相应处罚。

具体来说，在视频号平台诱导用户可分为两种：一是诱导用户进行分享、关注、点赞和评论；二是胁迫、煽动用户分享、关注、点赞和评论。具体内容可见《微信视频号运营规范》第四条第4点，如图1-14所示。

> 4.4 诱导用户
>
> 4.4.1 利诱用户进行分享、关注、点赞和评论。比如以某种奖励进行诱导，包括但不限于：邀请好友拆礼盒，集赞，分享可增加一次抽奖机会等。
>
> 4.4.2 胁迫、煽动用户分享、关注、点赞和评论。比如用夸张、诅咒性质言语来胁迫、引诱用户分享，包括但不限于使用这些用语："不点赞全家死光光""不点赞不是中国人"等。
>
> 4.4.3 诱导未成年人应援消费。
>
> 4.4.4 发表内容中包含煽动性的交友内容，诱导用户联系、互动。
>
> 例：亲爱的哥哥你在哪里，寂寞的妹妹很想你。

图 1-14

4. 内容质量，决定权重

在视频号中，每个账号获得的权重不尽相同。视频号平台会根据账号的权重对账号发布的内容进行推送。权重越高的账号，获得的推送量会越多。因此，视频号运营者要在账号的运营中，将账号权重的提高作为重点工作来抓。在微信视频号中，决定账号权重的直接因素就是账号发布的内容的质量，所以视频号运营者一定要保证内容的整体质量。

具体来说，视频号内容的质量可以从两方面进行把握。一是画面质量，也就是画面的观赏度，最基本的要求就是画面要足够清晰；二是用户对内容的反馈，也就是发布内容之后，通过完播率、评论量和点赞量等数据评判用户对内容的感

兴趣程度。通常来说，这些数据的数值越高，就代表用户对内容的反馈越好。

图1-15所示为某视频号发布的一条短视频。可以看到，该短视频的点赞量超过了3200个，评论量达到了146条。从这些数据来看，这条短视频的用户反馈是比较好的。

图 1-15

1.2 界面布局：视频号的基础功能

本节将对视频号的界面布局进行介绍。目前主要包括"推荐""关注""朋友""个人中心"等板块，接下来将逐一进行介绍。

1.2.1 "推荐"界面

进入视频号后，看到的是默认的"推荐"页面。将页面下滑即可看到其他视频，单击视频画面即可暂停播放。每一条视频都包含视频创作者、视频、视频的描述、收藏、转发、评论、点赞等信息，如图1-16所示。

图 1-16

　　如果在视频号中刷到了精彩、好玩的视频，要怎样将它们保存起来，以便自己闲暇之时翻看和学习呢？无论是在视频号首页还是视频作者的主页，都可以对视频进行"点赞"表示喜欢（如图1-17所示），这样不仅可以将自己感兴趣的内容保存起来，还能给视频创作者带来额外的流量。

图 1-17

除了点赞，还可以对视频进行评论。微信作为一个社交软件，网络社交最基础的是参与感，无论是点赞还是评论都是互动的形式。视频号目前不支持私信功能，因此作为核心的交流手段，除了是作者与粉丝、好友之间沟通的桥梁，还是粉丝群体之间的共同社区。

在视频右下角可以看到气泡形状的"评论"按钮，同时可以看到评论的数量，具体参见图1-17所示。单击"评论"按钮可以进入评论详情页面，详情如图1-18所示。

图 1-18

在评论详情页面中，可以滑动查看评论的时间、账号和内容。点击评论右侧的灰色"心形"按钮可以对评论进行"点赞"，也可以点击头像进入该账号的个人主页。除此之外，还可以在评论详情页底部的评论文本框进行评论的编辑和发布。

除了点赞和评论互动，分享也是表达对视频认同的方式。其一，社交通常是讲究礼尚往来的，不吝啬自己的分享，才能换来同等的尊重和分享；其二，善于分享也可以提高自己的人气。那么应如何分享视频号的视频呢？点击视频下面的"分享"按钮，可以打开分享页面（如图1-19所示）。在该页面中，可以将视频发送给朋友、分享到朋友圈等。

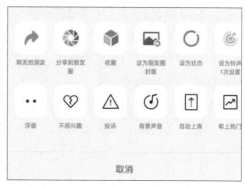

图 1-19

在分享过程中，可以添加想说的话（如图1-20所示）。对于转发至朋友圈的动态还可以再次进行点赞、评论、转发、分享和删除等。

图 1-20

如今短视频越来越多，大家的审美水平也逐步提高，对自己的喜好定位也越来越精准。在遇到自己喜欢的、感兴趣的内容时，不仅可以点赞、评论、转发，还可以通过关注的方式，了解此人的更多信息，或者找到更多的同类视频。

当在视频号页面刷到喜欢的视频时，点击作者的头像即可进入该作者的视频号首页，点击"关注"按钮即可关注该作者（如图1-21所示）。

图 1-21

1.2.2 "关注"界面

　　用户关注的所有视频号发布的动态将会在视频号的"关注"页面中呈现，如图1-22所示。

图 1-22

1.2.3 "朋友"界面

点击"关注"和"推荐"之间的"朋友"，可以打开"朋友"页面，该页面会显示用户的微信好友点赞的视频（如图1-23所示）。

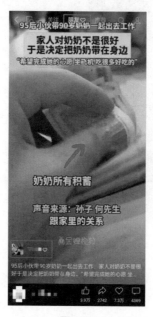

图 1-23

1.2.4 搜索框

视频号页面中的一个功能——搜索是大多数人比较关心的一项，在界面右上角点击类似放大镜的按钮（如图1-24所示），即可进入搜索页面（如图1-25所示），在搜索栏中输入关键词，可以精准定位自己的观看需求。

图 1-24

图 1-25

　　搜索栏的位置并不显眼，甚至很容易被用户忽略，但其实它大有用处。利用搜索栏，可以搜到作者及关键词的相关动态。例如在搜索框内搜索"西红柿鸡蛋"，即可搜索到以"西红柿鸡蛋"命名的视频账号及相关动态，如图1-26所示。

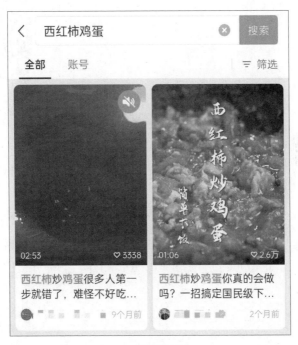

图 1-26

1.2.5　个人中心

　　在界面右上角有一个类似人物形状的按钮，点击即可进入"个人中心"页面，如图1-27所示。

图 1-27

　　在"个人中心"页面中能查看用户自己关注的视频号、互动过的动态及自己的视频号。在"我的视频号"界面，可查看或修改头像、二维码、名称、简介、背景图等内容，如图1-28所示。

图 1-28

1.2.6　分身框

视频号中的分身框（有时也被称为"画中画"或"分屏"功能）是一种特殊的功能，允许用户在同一视频画面中同时展示多个视频源或内容。在界面的左上方，点击由两个正方形组成的按钮即可，如图1-29所示。具体演示效果如图1-30所示。

图 1-29

图 1-30

第 2 章

找准定位，才能事半功倍

随着互联网的迅猛发展，视频号已成为现代人展现自我、分享生活、秀出才华的重要舞台。然而，成功的视频号并非一蹴而就的，背后往往蕴含着精准且明确的定位。本章将围绕"找准定位，才能事半功倍"这一主题，深入剖析如何在众多视频号中找准自己的定位，并通过这一定位提升内容质量与影响力，从而实现视频号的快速成长与广泛传播。

2.1 核心定位：利用个人或团队的独特优势

运营者为何要致力于视频号的定位呢？首先，明确的定位有助于运营者把握运营方向，从而确立清晰的目标。其次，一旦定位确立，它将为后续的内容策划提供明确的指导，使内容更具针对性和吸引力。此外，定位的过程实际上也是运营者自我审视的过程，通过深入剖析自身的特点和优势，能够更好地凸显个人或团队的独特魅力。因此，做好视频号的定位不仅有助于明确运营方向和目标，还能为内容策划提供指导，同时帮助运营者展现自身的优势和特色。

2.1.1 明确方向，确立目标

账号定位是运营者确定运营方向和目标的关键步骤。通过明确账号定位，运营者能够精准地把握自身的运营方向和目标。在视频号平台上，各账号大多在明确自身定位后，进一步确定了运营方向。对于那些从事热门专业的运营者，他们可以将账号定位为专业知识分享。

例如，医生可以选择专注于医学知识的科普，而律师则可以聚焦于法律知识的普及，如图2-1所示。通过这样的定位，他们不仅能够吸引目标受众的关注，还能够为观众提供有价值的专业内容。

图2-1

对于那些在某个特定领域拥有丰富知识的运营者，他们可以选择将账号定位为知识技巧分享。例如，如果运营者在Photoshop（简称为PS）的使用上拥有丰富的经验，他们可以将账号定位为PS使用技巧分享，专注于为用户持续提供关于PS图片处理的实用技巧。为了进一步满足用户的需求，一些运营者还会精心策划并推出一系列的收费课程，为用户提供更为深入和系统的学习体验。这样的定位不仅有助于运营者展现自己的专业知识，还能够为用户带来实质性的帮助，实现双赢的局面，如图2-2所示。

当运营者拥有某种特定的兴趣爱好，并且发现视频号平台上有大量与其兴趣相同的用户时，他们可以将自己的账号定位为这种兴趣爱好的内容展示。

以喜欢玩游戏且技术高超的运营者为例，他们可以将账号定位为某款游戏的内容展示。通过这一账号，他们可以展示游戏的内容，分享游戏操作技巧，甚至进行游戏直播，与同样热爱这款游戏的用户进行互动交流。这样的定位既能让运营者充分展示自己的兴趣爱好和特长，又能吸引到具有相同兴趣的用户，形成一个共同的兴趣社群，如图2-3所示。

图 2-2　　　　　　　　　　　　　　　　图 2-3

运营者如果养了宠物，并且希望与广大宠物爱好者分享萌宠的日常生活，那么他们可以将账号定位为萌宠展示。在这个平台上，运营者可以分享宠物的照片、视频，记录宠物的成长过程，分享与宠物互动的有趣瞬间，甚至可以分享宠物的生活小贴士和养宠心得。这样的定位不仅能让运营者充分展示自己的宠物，也能吸引到同样热爱宠物的用户，形成一个以萌宠为主题的社群，共同分享养宠的乐趣和心得，如图2-4所示。

许多用户都对幽默搞笑类内容情有独钟，而对于那些天生具备幽默感的运营者，将账号定位为幽默搞笑类内容分享是一个明智的选择。他们可以通过发布搞笑段子、喜剧视频等轻松有趣的内容，为用户带来欢乐和放松。这样的定位不仅能够吸引大量喜欢幽默内容的用户，还能让运营者充分展现自己的幽默才华，与用户建立起轻松愉快的互动关系。同时，幽默搞笑类内容在社交媒体上也具有较高的传播性，有助于提升账号的知名度和影响力，如图2-5所示。

图 2-4

图 2-5

通过定位找准运营方向的案例还有很多，如果运营者觉得定位不好确定，可以多学习他人的经验，在此基础上找到适合自己的账号定位。

2.1.2　规划内容，提供方向

一旦确立账号定位，运营者便可以依据这一定位精心策划内容并塑造独特的个人形象，从而迅速为账号贴上鲜明的标签。明确的账号定位自然指引着内容策划的方向，使得运营者在创作过程中思路清晰。只要运营者能够持续输出高质量的原创内容，便能够逐渐塑造出独特的个人特色，并为账号贴上更为精准、垂直的标签。以视频号"xx读书"为例，其在账号简介中已明确表示这是一个专注于读书分享的视频号，从而成功吸引了大量对读书感兴趣的粉丝，并形成了自身独特的品牌形象，如图2-6所示。

图 2-6

通过分析这个简介，可以清晰地看出该视频号的定位是专注于好书分享和深度解读。图2-7则展示了该视频号发布的一些代表性内容，进一步印证了其在好书分享和解读领域的专注与投入。这种明确的定位和高质量的内容发布，使得该视频号在相关领域内具有较高的影响力和吸引力。

图 2-7

2.1.3　自我审视，凸显优势

在笔者看来，运营者进行账号定位的过程实质上是一个深度自我审视与自我提升的过程。在这个过程中，运营者能够清晰地识别出自身的独特优势。当运营者根据自己的优势来设定账号定位时，便能够充分发挥自身的长处，使得运营工作更加游刃有余。

然而，在自我审视的过程中，运营者可能会发现自己拥有多个优势。若试图在一个视频号中展现所有优势，很可能导致内容过于宽泛，从而难以形成精准的账号定位。在这种情况下，运营者需要做出明智的选择，从中挑选出一个最为突出、最具特色的优势作为账号定位的核心。

以一位多才多艺的运营者为例，他身兼独立音乐人、乐器达人和原创歌手等多重身份。尽管这些身份之间存在一定的交叉，但它们所涵盖的内容却相当广泛。为了形成明确的账号定位，这位运营者最终选择了自己最擅长的萨克斯乐器作为核心定位，并在账号名称中明确标注了"萨克斯"这一关键词，从而确保了账号内容的聚焦与精准。图2-8所示为该视频号的简介。

图 2-8

在视频号平台上，相较于其他乐器的学习者，选择学习萨克斯的运营者相对较少。特别是那些能够以精湛的技艺吹奏萨克斯的女性，更是寥寥无几。然而，随着这位女性运营者发布自己吹奏萨克斯的短视频，她的账号逐渐吸引了越来越多的用户关注。人们被她的才华和独特的演绎所吸引，使得她的账号在众多乐器类视频中脱颖而出。图2-9所示为该视频号发布的吹奏萨克斯的短视频。

图 2-9

2.2　精准定位：从5个维度入手

定位的关键意义与重要性不言而喻。对运营者而言，在确立账号定位时，可以从5个核心维度出发进行深入思考，这些维度分别是：行业维度、内容维度、用户维度、产品维度及人设维度。通过全面考虑这些维度，运营者能够更精准地确定账号的发展方向，进而提升内容质量和吸引力，为账号的长期成功奠定坚实基础。

2.2.1　行业维度：精准选择细分领域

行业定位的核心在于明确分享的行业和领域内容。对运营者而言，行业定位不仅仅是选择一个行业，更是要确定在这个行业中分享哪些具体的内容。通常运营者会选择自己熟悉和擅长的领域进行定位，这样不仅能够展现出专业的知识，还能够增加与受众的互动和共鸣。

然而，某些行业可能内容广泛，且已有众多账号在视频号平台上分享相关内容。在这种情况下，运营者可以通过细分行业来寻找突破口。例如，化妆行业虽然竞争激烈，但运营者可以专注于某一细分领域，如口红推荐、化妆技巧等，以形成独特的账号特色。

以知名美妆博主"口红一哥"李佳琦为例，他成功地将自己定位为专注于化妆品分享的博主，并通过深入研究和分享口红等化妆品的选购技巧、使用体验等内容，吸引了大量粉丝的关注。同时，他还结合粉丝的兴趣，分享其他与美妆相关的内容，进一步扩大了受众群体。这种通过细分领域打造账号的策略，不仅使他在竞争激烈的化妆行业中脱颖而出，还为他赢得了极高的知名度和影响力，如图2-10所示。

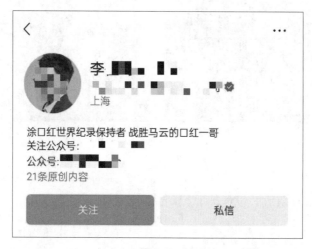

图 2-10

再比如，随着摄影逐渐成为一种广受欢迎的爱好，其细分领域也日趋丰富，为短视频创作提供了丰富的素材。以"×××摄影"账号为例，其运营者在视频号上发布了大量视频，聚焦于手机摄影技巧的分享。图2-11所示为视频号"×××摄影"发布的短视频内容。

深度内容对账号定位的重要性不言而喻，甚至关乎到整个视频号的长期发展。因此，运营者应当意识到，打造高质量的原创视频离不开两大关键因素：垂直定位和深度内容。运营者明确了账号定位，实际上也就确定了内容创作的方向，这将极大地减少迷茫和困惑。同时，结合自己所处的行业和领域，运营者还可以进一步辅助定位，挖掘出真正属于自己的深度内容，从而确保视频号的独特性和吸引力。

图 2-11

2.2.2 用户维度：标注用户精确营销

在视频号运营过程中，精准锁定目标用户是至关重要的一步。在开始平台用户定位之前，运营者需深入了解平台主要服务于哪些人群，以及这些人群具备哪些独特特征。这种了解基于平台的数据分析和市场调研，有助于运营者形成清晰的用户画像。

明确目标用户的目的在于使内容发布更具针对性，进而吸引并留住目标用户群体，增加互动，提高关注度。为了实现这一目标，运营者需要对用户特性进行深入剖析，通常可以将其细分为两类（如图2-12所示）。

图 2-12

这种细分有助于运营者更加精准地满足用户需求，提升用户体验，进而增强账号的吸引力和影响力。

在充分理解用户特性的基础上，运营者接下来的任务就是进行用户定位。用户定位的全过程通常包含3个关键步骤。

1. 数据收集

数据收集是一项多元化的任务，而市场调研是其中最常见且高效的方法之一。通过市场调研，运营者能够系统地收集并整理平台用户的数据。这些数据不仅包括用户的基本信息，如年龄段、收入水平和地域分布，还涵盖了用户的行为偏好和消费习惯。将这些数据与用户属性相结合，运营者可以进一步分析并理解用户的特征和需求。为了更好地呈现用户的基本属性特征，运营者还可以将这些数据绘制成直观的图谱，从而为用户画像的构建提供有力的支持。图2-13所示为某产品的用户年龄段。

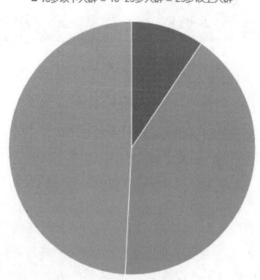

■18岁以下人群 ■18~25岁人群 ■25岁以上人群

图 2-13

2. 标注用户

运营者获取了用户的基本数据和属性特征后，就可以进行简单分类，并进一步对用户进行标注，确定用户的购买欲和活跃度等，以便在接下来的用户画像过程中将他们对号入座。

3. 用户画像

运营者可以利用上述内容中的用户属性标注，从中抽取典型特征，完成用户的虚拟画像，在此基础上更好地做出有针对性的运营策略并实现精准营销。

2.2.3 内容维度：紧密围绕行业核心

首先分析一个具体案例。某个视频号的账号定位专注于木雕和根雕作品的展示，因此其发布的内容主要以木雕和根雕的制作为核心，突出了账号在这一领域的专业性和独特性，如图2-14所示。

图 2-14

从上述案例可见，内容定位对视频号而言，是确立账号内容方向的核心步骤。运营者在确定内容定位时，通常会结合账号的整体定位，明确需要发布的内容类型和风格。随后，他们便围绕这一方向进行内容创作，确保所发布的内容与账号定位保持高度一致。这样不仅能够提升内容的针对性和吸引力，还有助于塑造账号的专业形象和增强用户黏性。

2.2.4 产品维度：考虑货源有啥卖啥

许多运营者开设视频号的核心目标是实现营利，而产品销售是实现这一目标的重要途径。因此，产品定位在整个运营策略中显得尤为重要。那么，如何进行产品定位呢？从货源的角度来看，产品定位大致有两种策略。

一种策略是基于现有的货源进行定位。这意味着运营者需要仔细评估自己手中的产品资源，明确哪些产品具有销售潜力，并将这些产品作为营销的核心。例如，某运营者手中握有多种水果货源，因此她将账号明确定位为水果销售，并通过命名为"××水果"的账号，以及水果展示视频来突出这一主题。图2-15所示为该视频号发布的内容。

图 2-15

另一种策略则是当运营者没有直接的货源时，可以根据自己的业务范围或专长进行定位。这种策略要求运营者深入了解自己的核心能力和市场需求，找到能够满足用户需求的产品或服务，并以此为基础进行内容创作和营销。

无论是哪种策略，关键都在于确保产品定位与货源或业务能力紧密匹配，同时满足目标受众的需求，从而实现盈利目标。

2.2.5　人设维度：精准打造个人标签

确定好账号定位之后，视频运营者还需要给自己设置一个人设。视频号用户数量庞大，并不是每一个账号都能够被用户看到并持续关注。本节将详细介绍视频号运营者应如何给自己确定人设，使自己在众多视频号账号中脱颖而出。

1. 了解人设定位的重要性

仔细观察各领域的短视频达人，很容易发现一个共同点：他们都有属于自己的人设。那么，什么是人设呢?人设即人物设定的简称，也就是在用户面前所展示的形象，包括外貌特征和内在的个性特点。

什么是好的人设?一个能够让人印象深刻、记得住并说得清的积极人设就是一个好人设。如果你的视频内容和你的形象能够被用户认可，并在日常生活中向身边的朋友说起，就成功一大半了。

举个例子：视频号中的某生活博主是一个暖心、负责的爸爸，他的视频号中记录着他们一家的生活日常。生活博主那么多，以日常生活作为主要内容的也不少，但这个账号的点赞率为什么更高呢?因为他会通过一些日常小事、走心的语言将对生活的感悟和家庭观传达给粉丝，避免单一、无聊的日常生活内容，如图2-16所示。

再如，某情感自媒体视频号中的情侣系列视频既甜蜜又搞笑，在抖音、视频号、微博等平台都吸引了不少粉丝，如图2-17所示。

图2-16　　　　　　　　　　　　　　　　图2-17

2.普通人如何正确打造人设

了解了塑造人设的作用之后，再来看看作为一个普通人，应该怎样选择及确定自己的人设。每个视频创作者身上都有自己的闪光点，所以只需找到自己的闪光点，就会吸引到一批粉丝。因此找到自己的优点、特长是确定人设的前提。打造人设确定以下5个基本要素即可。

（1）形象或个性

人们在认识一个人时，第一印象就是由其形象开始的，外貌、特征、穿着、造型等方面都能够给用户留下印象，如某舞蹈博主的特点就是她穿着萝莉装跳机器舞，基本上在每一个作品中都会看到惟妙惟肖的机器舞，这个特点让大家提起她时就会想到这是一个舞蹈博主，如图2-18所示。

由此可见，当视频号运营者具有专属于自己的特点时，就能给用户留下印象。除了标志性特点，独特的造型、有特色的着装等，都可以帮助运营者树立人设。

（2）兴趣爱好

视频号运营者在塑造人设的时候，一定要选择自己感兴趣的方向，并且要有一定的经验，这样才能持续输出内容。例如，某生活博主除了会做多种手工之外，平时喜欢的事就是带着孩子做手工，因此她的人设就是"喜欢和孩子做手工的妈妈"。她入驻视频号平台不久就获得了不少点赞，这就是鲜明的人设在视频中的优势。图2-19所示为该生活博主的视频号。

图 2-18

图 2-19

（3）结合自己的生活

视频运营者在塑造人设的时候，还应该结合自己的生活，如生活环境和生活中的人。视频号中有很多情侣账号、夫妻账号及视频博客式的短视频，他们以生活为素材，用不同的方式分享和记录自己的生活。图2-20所示为某生活类视频号发布的短视频，该账号以一个小女孩的一日三餐作为拍摄主题，这样的人设设定有一个好处，那就是可以根据日常生活持续更新，不用担心没有拍摄内容。

（4）个人口头禅

口头禅也是一个人的一种标志。对短视频运营者而言，如果有一句口头禅，也很容易给用户留下印象。例如，某美妆博主的口头禅"买它！买它！买它！"已成为他的标志性语言。

（5）正确的价值观

除了以上4个确定人设的方法，还应注意最重要的一点，即正确的价值观。价值观是人认定事物、判定是非的一种思维或价值取向，简单来说就是内心相信和坚持的东西。视频运营者在人设下所呈现的内容就是其价值观的体现。

短视频运营者一定要有正确的价值观，这样才会越走越远。图2-21所示为一个情感语录博主的视频号，正因为该博主的视频文案有着正确的价值观，才获得了大量的粉丝和点赞。

图 2-20

图 2-21

虽然目前视频号中的视频只有1分钟的时长，但向用户展示的不仅仅是这1分钟的内容。人设定位有很大的意义，创作者们应在以上5个方面多用心思。

综上所述，找准方向，根据自身的优势确定人设方向是每一个视频运营者都要做的，这也是成为一个优秀视频创作者的前提。

2.3　参考依据：4个定位方法

如何进行视频号的定位，上一节讲了5个维度，本节讲解定位的4个方法，即充分发挥个人优势、紧密贴合用户需求、结合市场稀缺程度和结合企业特色业务。

2.3.1　充分发挥个人优势

对于拥有专长的运营者，根据自身专长做定位是最直接和有效的定位方法。每个人都有自我表达和展示的欲望，根据自身专长定位可以充分发挥个人优势，从而实现运营者的自我展示需求。

例如，某视频号运营者擅长画画，她就将自己平时画画的视频分享到视频号中，如图2-22所示。

又如，一位刀法娴熟的视频号运营者，他将账号定位为分享各种切菜技巧，如图2-23所示。

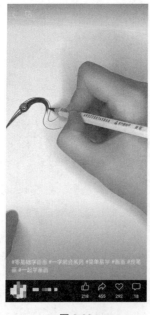

图 2-22

图 2-23

运营者的自身专长实际上涵盖了一个相当广泛的领域。无论是唱歌跳舞，还是美食制作，抑或是其他任何独特的技能，只要运营者具备某方面的专长，他们便有能力将其转化为视频内容，并发布在视频号平台上。这样的内容往往能够吸引那些对特定领域感兴趣的观众，进而引发他们点赞和评论。

　　以配音技能为例，许多学习过配音的运营者能够创作出令人惊叹的配音视频。在某些情况下，这些配音视频的质量甚至达到了令人难以置信的程度，仿佛原声再现。例如，某位运营者凭借其出色的配音技巧，创作了一系列高质量的配音作品，这些作品受到了大量观众的喜爱和好评，纷纷点赞和留言评论。图2-24所示为某视频号运营者发布的视频号内容。

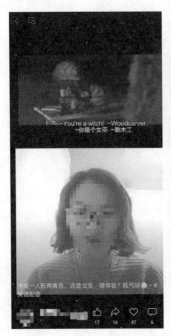

图 2-24

　　这表明，当运营者能够将自身专长有效地转化为视频内容时，他们不仅能够为观众带来独特的观赏体验，还能在视频号平台上建立起自己的专业形象，进而吸引更多的关注和互动。

2.3.2 紧密贴合用户需求

　　通常那些能够精准满足用户需求的内容更容易获得受众的青睐。因此，运营者在定位自己的视频号时，结合用户的需求和自身的专长，往往能够创造出极具吸引力的内容。在现实生活中，许多用户观看短视频的目的不仅是为了娱乐消遣，还期望能从中汲取知识或技能。鉴于这样的用户需求，运营者将视频内容与用户的学习需求相结合，无疑是一种明智的定位策略。

　　以英语学习为例，无论是学生还是职场人士，英语都是他们普遍认为重要的一项技能。当某运营者敏锐地捕捉到这一学习需求时，他充分利用自己的优势，将视频号聚焦于英语学习领域。该视频号发布的所有内容均与英语学习紧密相关，为那些渴望提高英语水平的用户提供了一个便捷的学习平台。正因如此，该视频号迅速吸引了大量有学习需求的用户，并受到了他们的热烈追捧。图2-25所示为某运营者发布的英语学习类视频。

通过结合用户需求和自身专长进行定位，运营者不仅能够创造出有价值的内容，还能有效地吸引和满足目标受众，从而实现视频号的良好发展。

实际上，视频号用户对各类内容的需求十分广泛，其中美妆内容便是备受欢迎的一个领域。美妆类视频由于其实用性和时尚感，一直在视频平台占有一席之地。对运营者而言，美妆领域提供了一个独特的商业机会：通过教授化妆技巧来吸引对美妆有兴趣的用户，并在此过程中推广和销售相关产品。这种策略不仅能够有效吸引目标受众，还能为运营者带来可观的经济收益。因此，那些具备化妆技能的运营者完全可以考虑将自己的账号定位为美妆类，从而充分利用这一市场需求，实现内容与商业价值的双赢。

某视频号就是一个分享日常化妆技巧的美妆类账号，图2-26所示为该运营者发布的短视频。

图 2-25

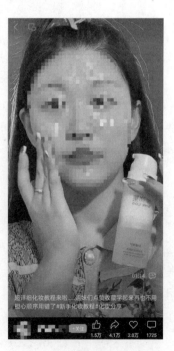

图 2-26

2.3.3 结合市场稀缺程度

在进行视频号账号定位时，运营者若选择从相对稀缺的内容领域切入，往往能收获意想不到的效果。这类独具特色的视频内容不仅能给观众带来新鲜感和独特体验，还能在用户心中留下深刻的印象，甚至引发他们的持续关注。以某运营者为例，其主要分享的内容是画画，但特殊之处在于他们专注于中国水墨画的技法分享。尽管在视频号平台上，有关绘画类的短视频屡见不鲜，但专注于中国水墨画这一领域的却并不多见。由于该运营者具备精湛的绘画技艺，并且其视频标题极具吸引力，因此他成功吸引了大批忠实粉丝，实现了账号的有效定位。图2-27所示为某运营者发布的画画视频。

除了平台上原本就稀缺的内容，视频号运营者还可以通过创新内容展示形式来赋予自己的内容或账号独特的稀缺性。

例如，某运营者专注于分享魔术视频，但与其他魔术账号不同的是，他们发布的魔术表演视频故意留下了许多破绽，这种与众不同的呈现方式反而激发了观众的好奇心和探索欲，许多用户纷纷留言指出破绽。这不仅增加了用户的参与度和黏性，还使得该账号在魔术领域脱颖而出，获得了众多粉丝的关注和喜爱。图2-28所示为该账号发布的短视频。

图 2-27

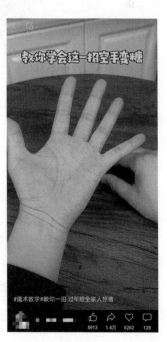

图 2-28

再比如搞笑类账号，因为这一领域的竞争者众多，要想在其中崭露头角，运营者需付出一定的努力。以某个搞笑类视频号为例，其独特之处在于创意的新颖性。该账号选择模仿影视剧中的经典角色"容嬷嬷"，并在此基础上设计了一系列反转情节，结合搞笑文案和配音，成功吸引了大量用户的关注。这种独特的创意和呈现方式使得该账号在搞笑类账号中脱颖而出，受到了用户的喜爱和追捧。图2-29所示为该运营者发布的视频号内容截图。

图 2-29

2.3.4 结合企业特色业务

对于许多长期发展的企业或品牌，它们往往已经形成了自己独特的特色和价值。因此，运营者在为企业号定位时，应当充分考虑并利用这些已有的特色，以便用户能够更容易地对其价值产生共鸣和认同感。

在根据企业或品牌特色进行定位时，主要有两种主要方法。第一种是以能够代表企业的具体物体作为账号定位的依据。例如，某个LOGO设计视频号便是一个典型的例子，它专注于分享LOGO设计过程的短视频及最终的成品，这种直观的展示方式让用户能够深刻感受到LOGO设计的魅力与专业性。第二种方法则是根据企业或品牌的业务范围来定位账号。这意味着账号的内容将紧密围绕企业的核心业务展开，从而凸显企业在该领域的专业性和权威性。图2-30所示为该企业视频号发布的LOGO设计短视频。

图 2-30

　　"×眼电影"这一账号名称本身就是其业务范围的最佳诠释，凸显了该企业专注于电影领域的特色。通过这一名称，用户可以直观地感受到该账号的定位是围绕电影信息展开的分享与交流。因此，该账号不仅成功地传达了企业的核心业务，还为用户提供了一个专注于电影领域的专业平台，从而吸引了众多对电影感兴趣的用户关注与互动，图2-31所示为该账号发布的视频。

图 2-31

第 3 章

内容：如何打造具有特色的视频号

　　一个成功的视频号背后，内容无疑占据着核心地位。要使视频号在竞争激烈的赛道上脱颖而出，关键在于巧妙运用各种策略。降低风险是必要的，这可以通过制作符合平台调性的内容、精心策划选题等方式实现。然而，要实现转发量的显著提升，最有效的方法仍然是提高视频的整体质量，让观众能够发现其独特的亮点。

3.1 基础设置，成就独特的风格

一个视频号要想吸引并保持用户的关注，其名称、头像、简介等关键元素都不可忽视。本节将逐一探讨这3个方面，教大家精心打造视频号，使其更具吸引力，从而留住用户的目光。

3.1.1 名称：定位清晰

根据视频号平台的规定，视频号的名称长度不得超过15个汉字，并且每年有5次修改的机会，如图3-1所示。因此，在命名视频号时，应当确保名称能够准确反映自身的定位特点，同时保持简洁易记，以便用户能够轻松识别和记忆，从而提高用户的黏性和关注度。

图 3-1

一个清晰、简洁且易于记忆的名字对视频号来说至关重要。它不仅能够帮助用户轻松记住你的账号，还为后期的宣传和推广奠定了坚实的基础，有助于吸引更多粉丝和流量。下面将列举一些命名思路，以供参考。

1. 真名或艺名

若运营视频号的初衷是为了塑造个人品牌或专业形象，那么使用真名作为账号名称无疑是最直观且有效的方式。例如，李子柒、一禅小和尚等成功案例，以及众多明星，他们都通过使用真实姓名或艺名，成功地在大众心中建立了鲜明的个人标识，从而实现了个人IP的打造，如图3-2所示。

图 3-2

使用真名或艺名作为视频号名称的主要优势在于其辨识度高，特别适合那些致力于塑造个人品牌或已经拥有一定粉丝基础的用户。对于已经具备知名度的用户，他们的名字本身就已经成了一个独特的品牌标识，能够吸引更多的粉丝关注和互动。

2. 名字+领域

对于已经具备一定影响力的视频创作者，使用真名或艺名作为账号名称是较为合适的选择。但对于那些尚未积累粉丝基础的普通创作者，可以在名字后面添加所专注的领域，以形成更具特色的标识。

这种命名方式不仅有助于为自己打上专业标签，让用户在看到名字时就能了解创作者的身份和所从事的领域，还能吸引同领域内的粉丝关注。例如，如果你准备做美食领域的视频内容，则可以取名"××美食""××教做菜""××美食分享"等，如图3-3所示。

图 3-3

3. 名称+数字

在视频号名称中融入数字元素，不仅可以起到强调和突出主题的作用，还能激发用户的好奇心和探究欲望。例如，"十秒历史""30秒懂车"和"十点读书"等名称，如图3-4所示。通过使用具体的数字，明确传达了内容的核心信息和时间框架，使得用户在看到名称时就能对内容产生浓厚的兴趣和期待。

十秒历史
历史博主 ✓
🀄焚香品茗，阅史寻城 🀄愿携诸君，共
赏旧影

 30秒懂车
北京合聚汇通电子商务有限公司 ✓
30秒懂车官方账号

图 3-4

4. 突出关键词

给视频号命名就像为一篇文章确定标题一样，可以开门见山，直接点题。如果视频号是关于旅游的，则可以结合"旅游"这个关键词，加上一个名字或形容词进行组合，如"携程旅行网""××环球旅行"等，如图3-5所示。

 ▉▉环球旅行
旅游博主 ✓
▉▉▉▉▉▉▉▉ ▉，我励志用镜头带
大家走遍世界，推荐值得去的景区，让…

 携程旅行网 1个朋友关注
上海携程商务有限公司 ✓
带你发现旅游新鲜事 想要领略全世界的…

图 3-5

3.1.2 头像：小头像大讲究

在讨论了视频号的名称之后，下面来谈谈头像的重要性。头像作为视频号的另一关键元素，给用户留下的第一印象至关重要。因此，头像的设置必须独特且醒目，以便在众多的视频号中脱颖而出。

如果要修改视频号头像，可点击"账号管理"页面中的资料设置。随后进入"资料"页面，点击头像即可在手机相册中选择头像或直接拍摄新头像，如图3-6所示。

‹ 账号管理		‹ 资料	
资料设置	›	头像	›
我的二维码	›	名字	›
隐私与权限	›	视频号ID	
账号管理	›	性别	男 ›
		地区	湖南 长沙 ›
创作者中心	昨日暂无播放 ›	简介	›

图 3-6

尽管视频号平台对头像的尺寸没有具体规定，但在上传图片时，系统会自动对图片进行压缩，并以圆形的方式展示给用户。因此，在选择头像时，建议创作者遵循以下两点要求，以确保头像的质量和展示效果。

1. 清晰自然，辨识度高

在选择头像时，应注重美观度，避免使用随意截图、模糊或裸露的图片。头像的背景应保持干净整洁，避免杂乱无章，以确保视觉上的舒适感。此外，头像的主题与背景比例应协调一致，保持整体的美观性。可以适当进行裁剪以优化显示效果，但务必避免对图片进行过度的压缩或拉伸，以免影响其清晰度和辨识度。

2. 贴近账号，风格统一

在设置头像时，应确保所选择的图片与账号名称和定位保持一致。例如，一个专注旅游领域的账号，应避免使用与美妆相关的图片作为头像，以保持整体风格的一致性。

对于企业账号，通常选择公司LOGO或能体现企业特色的图案作为头像，这样有助于塑造品牌形象，如图3-7所示。而对于个人账号，使用个人形象照或艺术写真作为头像，能够增加真实感和提高辨识度。真实的头像配合真实的创作内容，更容易吸引与创作者价值观相符的关注者。

图 3-7

3.1.3 简介：言简意赅

视频号的简介要求限制在10行以内，并且允许进行修改，具体的修改页面如图3-8所示。简介是一个非常重要的展示平台，它不仅能够充分展现创作者的个性和特点，而且是让陌生人了解你的关键途径。在众多的短视频平台上，自媒体人竞争激烈，为了吸引更多的关注和流量，创作者们需要在简介上投入更多的心思和精力。

名字不能乱改，头像也不适合随意设置，而简介一定要灵活多变。简介要遵循以下两个原则。

（1）快速了解，直击要点。在这个快节奏的时代，时间宝贵。视频号简介应简洁明了，直击要点。自我介绍清晰明了，让别人在第一时间了解你是谁，是做什么的。重要信息让人一目了然，不超过100个字符，避免冗长混乱，让用户迅速掌握重点。

（2）体现优势、陈述利益。体现优势是指展示自己在本专业的权威性和过人之处，可以是荣誉、奖项、证书等。陈述利益则指你能给大家带来什么样的价值，别人关注你的视频号可以得到什么样的好处。图3-9所示为某视频号的简介，通过这个简介，用户就知道关注后能够获取健康养宠知识。

图 3-8

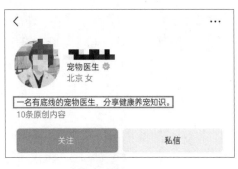

图 3-9

大家可以用以上两个原则对自己的简介进行检查，如果觉得不合适就要修改。接下来分享几种撰写简介的实用方法，并辅以具体实例，帮助你更直观地理解如何写出既吸引人又具有个性特色的简介。

1. 自我介绍型

在撰写自我介绍时，凸显个人亮点至关重要。如图3-10所示，某职场博主的视频号简介便是一个绝佳范例。仅用"分享商业经验，传递正能量"这一句话，便精准地概括了视频号的核心内容。紧接着，博主又简明扼要地描述了自己的职业背景和取得的成就，这些正是个人亮点的体现。通过这样的自我介绍，不仅让观众迅速了解博主的专业领域和成就，还能留下深刻印象，激发进一步了解的兴趣。

图 3-10

2. 提炼内容型

提炼内容是对视频号核心内容的精准把握，强调突出其独特功能与服务，并用简洁易懂的语言概括其核心价值。如图3-11所示，某舞蹈摄影师的视频号简介便是一个典范。该视频号通过"每日分享原创舞蹈摄影花絮及干货"和"持续探索并传递东方舞蹈摄影美学"两句精练的话语，不仅凸显了其在舞蹈摄影领域的专业性，还展现了对东方舞蹈摄影美学的追求和传承。这样的简介既突出了视频号的特色，又便于观众快速了解其核心价值。

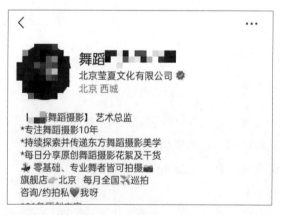

图 3-11

3. 强调用户群型

强调用户群的方式，关键在于明确视频号的目标受众，进而构建一种社区归属感。如图3-12所示的视频号简介便是一个生动的例子，其采用"你的治愈系情感栖息地"这一表述，精准地突出了该视频号的独特定位，能够有效吸引对此类风格和内容有浓厚兴趣的用户关注，进而形成一个有着共同兴趣和情感的社区。

图 3-12

4. 引起情感共鸣型

情感共鸣在简介中体现为书写能够触动人心弦的文字，将人类情感中柔软而美好的部分融入其中，从而激发用户情感上的共鸣。如图3-13所示的两个视频号的简介恰好证明了这一点。

其中一个视频号以"所有未在美中度过的生活，都是被浪费了"这样简洁而深刻的文字作为简介，既体现了其独特的风格，又触动了用户对美好生活的向往和追求。而另一个视频号则以"总有人翻山越岭为你而来"这样温暖而感人的文字作为简介，不仅彰显了其独特的情感定位，也引发了用户对真挚情感的共鸣和期待。

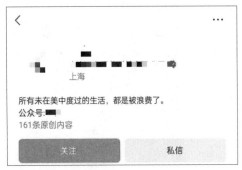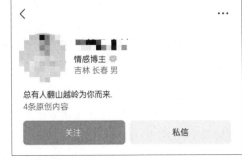

图 3-13

以上所列举的简介类型仅供参考，实际编写时可根据个人情况进行灵活调整。在撰写自我介绍内容时，适度的美化是必要的，这可以让你的个人形象更加鲜明，吸引更多人的注意和了解。但请注意，美化并不等同于夸大或虚假，而是在保持真实性的基础上，运用一些技巧和手法，使你的自我介绍更具吸引力和可读性。

3.2　内容发布：如何制作引人注目的内容

对于自媒体运营，内容仍是其核心构成要素。要吸引用户关注，关键在于打造独具特色、富有吸引力的内容。本节将从封面设计、标题撰写和文案策划等方面进行深入探讨，以帮助读者创作出引人注目的视频内容。

3.2.1　封面：美丽的封面更具吸引力

短视频之所以被称作短视频，是因为它遵循"3秒"原则，即必须在极短的时间内吸引观众的注意力。如果一个短视频无法在3秒内抓住观众的眼球，那么它就很难获得较高的关注度。为了在最短的时间内吸引观众的眼球，一个视频号必须注重封面设计。一个合格的运营者应该掌握如何设计一个引人注目的定格画面，以及如何在封面的基础上为视频增添色彩的技巧。

1. 根据视频内容选取封面

根据内容选取封面是为了提炼视频的主要内容，让观众在短短的一两秒内明白视频的主要内容，吸引观众。举例来说，如果视频是美食视频，那么封面要与美食相关，不应该掺杂其他内容，否则容易导致视频与用户错位。所以，应根据视频内容选择合适的封面。

一般来说，类似题材的视频都会有相似的特点，例如宠物、美食或者美景等题材，这些题材不用过多渲染就可以吸引相应爱好的用户，所以可以直接用视频里面的某一帧内容作为封面（图3-14）。

图 3-14

2. 整齐统一

视频号的封面整齐统一指的是视频号的封面设计风格一致，整体看起来协调、美观，给用户留下深刻的印象（图3-15）。

图 3-15

📷 **提示**：视频号虽然可以截取视频中的任意画面作为封面，但由于创作者每次发布的视频主题不同，视频的风格也可能不同，所以建议大家制作一张封面图，并在视频开头停留0.5秒，这样既不影响视频观看，又可以保持风格的统一。

3. 清晰度高

视频号的封面清晰度高通常是指封面图像的分辨率高，细节表现力强，整体看起来非常清晰、细腻，能够给用户带来非常好的视觉体验。

一般来说，高清晰度的封面会更加吸引用户的眼球，提高用户点击和打开视频号的概率。同时，高清晰度的封面也能够更好地展现视频内容的主题和氛围，使用户能够更好地理解视频内容。

为了提高封面的清晰度，可以从以下几个方面入手。

（1）选择高分辨率的图片：在制作封面时，尽量选择高分辨率的图片，这样能够更好地保留图片的细节和质感。

（2）使用专业的图像处理软件：使用专业的图像处理软件可以对图片进行优化和调整，进一步提高图片的清晰度和细节表现力。

（3）避免过度压缩：在上传封面时，尽量避免过度压缩图片，以免影响图片的清晰度和质量。

3.2.2　标题：打造标题的5种方式

打造视频号标题是指为视频内容创作一个吸引人的标题，以吸引用户点击并观看视频。一个好的标题应该简洁、明了，有吸引力，能够概括视频内容，并使用适当的关键词和语言风格。

1. 悬疑性标题要掐中关键点

通常用户存在着一些猎奇心理，对未知事物有好奇的心理。所以可以根据这一需求，在标题上适当地留一些悬念，满足人们的好奇心，同时注意信息关键点的把握，以此激发人们的探索兴趣，进而点击了解。比如《最容易发胖的20种食物，你中了几个》《"六一儿童节"的由来，你知道吗？》（如图3-16所示）。

图 3-16

在第一个标题中，关键词是"容易发胖"和"食物"。首先这一标题容易吸引爱美的人和传统女性群体的关注。女性群体大多是爱美的人，大部分传统女性都会在家里料理家务，会注重家人膳食营养的均衡，肥胖除了与爱美相悖，还影响身体健康，所以这极易引起人们浏览的好奇心。

第二个标题是关于儿童节的，六一儿童节的主角本来就是儿童，但是往往很多人对其来历并不是很清楚，这就充分激发了人的好奇心，有想让人点击视频观看的欲望。

2. 注意标题数字的巧用

在撰写标题时，合理利用醒目的数字突出标题内容，能够有效地吸引和冲击读者的视觉。具体来说，在标题中使用数字的场合有很多，如使用阿拉伯数字的标题《夜间咳嗽难受　试试这四个方法可能缓解咳嗽》《保持自己开心的三种方式》等（如图3-17所示）。

使用数字突出标题的提炼方法也很简单，只需做到以下3点即可。

（1）从视频内容中提炼数字作为标题。

（2）通过数字对比，设置冲突或悬念。

（3）按照视频逻辑结构撰写数字标题。

图 3-17

3. 标题直击用户痛点

标题直击用户痛点是指直接与用户痛点进行对话，让其产生代入感，带动用户的点击率。只有充分调查、了解用户痛点，以用户痛点作为创作视频的前提，针对痛点为其制定解决方法才能让视频具有观赏性，如《工作压力大不顺心　如何排解焦虑情绪？》《一分钟告诉你做视频号怎样快速获取流量》（如图3-18所示）等。

图 3-18

4. 适当以对比为噱头

俗话说："没有对比，就没有伤害。"在巧妙的对比中，能够突破常规，打破人们的惯性思维，引发他们的惊异和震惊。在标题中，通过对比两个截然不同甚至相距甚远的观点，可以制造出强烈的对比效果，激发人们的好奇心和观看欲望。有时候，这种对比反差能够带来意想不到的结果，为标题增添趣味和新意。因此，利用对比心理，不仅可以让标题更具新意，还能增添趣味性。

如生活琐事标题《我加班了，我很开心》，打破了人们对加班的常规认知，因为在通常的思维中，加班往往被视为一件令人烦躁的事情。然而，该标题却指出加班是件开心的事，这种明显的对比反差立刻引发了人们的好奇心，促使他们不由自主地点开观看，想要了解主人公到底经历了什么。

5. 标题寓意增添意境

寓意式标题主要通过运用比喻、拟人、对偶、谐音、引用典故等手法，为标题注入更深层次的意境，从而加深用户对标题的印象。此外，寓意式标题还能借助生动鲜明的形象，将标题的内容传达给用户，增强标题的趣味性、可读性，并丰富其内涵。但需要注意的是，这种方法不能随意使用，需要讲究方式方法。例如，在引用典故时，需确保所选典故与视频内容相匹配并有内在关联，不能生搬硬套。

3.2.3　文案：引人入胜抓住观众眼球

视频号文案是指在视频号平台上发布视频时，所附带的文字描述或字幕内容。它通常用于简要介绍视频的主题、内容或亮点，吸引观众的注意力，并引导他们观看和互动。

视频号的文案和标题一样，都是很重要的部分。有些用户可能容易把视频号文案和标题混为一谈。

标题是直接写在视频封面上的，比较醒目，而文案则是视频号下方的文字，如图3-19所示。

视频号可以发1000字以内的长文案，虽然主页上只显示前三行内容，但是一段好的文案，能迅速抓住用户的注意力。

对于如何撰写视频号的文案，一些人在刚开始涉足短视频创作时可能会感到迷茫。实际上，这是一个很普遍的问题。为了解决这个问题，一个有效的方法是观察并学习他人的做法。在短视频创作还不确定如何撰写文案时，模仿他人的成功案例是一个很好的起点，特别是那些已经获得大量关注和好评的爆款内容，可以从中学习他们的写作风格和技巧。记住，模仿并不是抄袭，而是在理解他人成功的基础上，结合自己的特色进行创新和提升。通过这种方式，大家可以逐渐掌握撰写视频号文案的技巧，并创作出受欢迎的内容。

图 3-19

3.3 4个方法，轻松玩转视频号内容

经常看视频号的用户可能会发现，现在健身、育儿、化妆类的账号粉丝比较多。到底什么内容是视频号用户喜欢的呢？视频号运营者可以参考以下几种方法，轻松玩转视频号内容。

3.3.1 原创法：紧跟账号定位

选择在一定程度上大于努力，视频创作的选题就是如此。选对了题就相当于选对了方向，往后的成功只会是大或小的区别，选错了有时候不仅浪费了时间走了一条错的路，甚至还是一条注定无返的路。所以选择内容的第一要素就是要紧跟账号定位。

目前，微信视频号以原创为主打，以视频号+微信群+朋友圈运行的形式为

微信的闭环组合拳，从而获取业绩，格外注重私域流
量的经营。对创作者而言，私域流量不仅可以成为稳
定的流量用户，而且可以降低宣传成本，把老粉丝变
成宣传员实现裂变宣传，促进个人IP名片的形成。

比如，中国传统美食网红代言人李子柒，她以个
性鲜明的原创内容，在弘扬中国美食的同时，也勾起
了人们渴望节奏很慢的舒适惬意的生活。其上传的第
一个用家中沙发做秋千的视频更是获赞无数，让人们
心生向往（如图3-20所示）。

旅游自媒体创作者房琪kiki在视频号发布的40多个
视频，基本每个视频都有1万多的点赞，其中不乏还有
突破10万多的点赞视频。视频中她与爱人相濡以沫、
彼此陪伴四处旅行的内容引起了视频号用户的共鸣，
人们是羡慕的，但更让人羡慕的是她见证了不同的地
域文化，体验了各具特色的风土人情，以及满满沉淀

图 3-20

的旅行感悟。观看她视频下的评论，无一不是"景美、人美、声甜，渴望和kiki
一起去旅行"之类的评论，足以看出人们对房琪发布旅行生活记录视频的喜爱和
对其旅行生活的向往（如图3-21所示）。

图 3-21

3.3.2　嵌套法：借助已有模板

嵌套法通常指的是将一个故事嵌入另一个故事中，以达到吸引观众、提高互动性和提高视频点赞量的目的。这种方法可以帮助人们解决视频信息量单薄、缺乏吐槽点及缺乏耐看性的问题。具体来说，首先需要制作第一个故事脚本，然后制作第二个故事脚本。接着通过一个嵌入点，将第二个故事嵌入第一个脚本，这样可以使得整个视频内容更加丰富有趣。通过不断地循环往复，可以使用嵌套法创造出有层次感的故事线，提高观众的观看体验和参与度。

图3-22所示为某食品号发布的短视频，该视频就是运用喜剧电影《喜剧之王》的模板所打造的。这个电影桥段非常经典且令人感动，但是配上地方方言却别有一番韵味，该短视频一经发布就收获许多好评。

图 3-22

这种内容打造方法的优势在于，运营者只需将视频内容嵌入模板，就能快速打造出一条新的视频，新增的内容与模板中原有的内容还能快速产生联系。

3.3.3　模仿法：获得更多曝光

模仿法就是根据各短视频平台上已发布的短视频，依葫芦画瓢打造自己的视频内容，可以模仿视频中的人物，也可以模仿视频的风格。这种方法常用于已成为热点的视频。

例如，某视频号用户通过模仿著名喜剧表演者憨豆先生来吸引粉丝，图3-23所示为该视频号发布的短视频内容。

运营者模仿与热点相关的内容，更容易获得用户的青睐。尤其是用户在搜索相关内容的时候，模仿的短视频也会被推荐给用户，运营者的账号可因此获得更多的曝光，并且这种模仿明星的视频也更容易在平台走红。

图 3-23

3.3.4　扩展法：产出新的原创

扩展法是一种内容创作策略，其核心在于运营者在他人发布的内容的基础上进行适当的延伸，从而创造出新的、具有原创性的内容。这种方法与模仿法有相似之处，但在选择参照对象时，短视频的热门内容通常被视为最佳选择。

以电影《夏洛特烦恼》为例，该电影因独特的故事情节和深刻的主题而赢得了广大观众的喜爱，特别是其中的一段经典剧情——"马什么梅""什么冬梅""马冬什么"，更是成了网络上的热门话题。这段剧情的火爆，不仅让电影本身获得了更多的关注和讨论，也激发了广大网友的创作灵感。

许多网友巧妙地将这几句台词融入自己的日常生活中，创作出了各种有趣、生动的短视频内容。同时，一些运营号也看中了这个"梗"的潜力，利用它创作了一系列关于背书背不出来的尴尬故事。这些视频内容不仅具有幽默搞笑的元素，更与大多数普通人的生活紧密相连，因此引发了大量用户的共鸣和转发。

扩展法通过巧妙地延伸他人发布的内容，创造出新的、有趣的原创性内容，从而吸引更多用户的关注和喜爱。这种策略不仅适用于短视频创作，也可以广泛应用于其他内容创作领域。

3.4　容易收获热点的内容类型

在进行短视频运营时，必须保持对爆款产品的敏锐洞察力，并及时地对它们进行深入研究、分析和总结。成功的案例并非仅仅依赖运气，其背后蕴含着丰富的经验和策略。

通过不断积累这些成功的经验，才可以站在前人的基础上，看得更高、更远。这就像站在巨人的肩膀上，能够获得更广阔的视野和更深刻的洞察，从而更容易超越他们，开创属于自己的成功之路。下面总结了短视频平台容易收获热点的内容类型，大家在运营视频号时可以适当参考。

3.4.1　出类拔萃，易上热门

"才艺"是一个广泛的概念，涵盖了多个领域，如唱歌、跳舞、摄影、绘画、书法和演奏等。在短视频平台上，那些具有独特魅力和能够吸引观众眼球的才艺内容往往更容易受到热捧。下面笔者就分析和总结了一些博主们的不同才艺，以揭示他们成功的秘诀。

1. 演唱才艺

放松心情的方式多种多样，其中听音乐备受欢迎。在视频号这一平台，那些擅长唱歌的运营者往往能够吸引大量粉丝。拍摄此类视频相对简单，但关键在于歌唱者的实力。

以一位运营者为例，她不仅外貌出众，更拥有甜美的嗓音。美声专业出身的她，在唱歌方面有着出色的表现。她曾参与某卫视的综艺节目，并因此收获了许多网友的喜爱。通过在网上分享自己的唱歌视频，她从一名默默无闻的小博主逐渐成长为拥有千万粉丝的网红。她成功的故事充分证明了在视频号平台上，实力和才华是吸引粉丝的关键，图3-24所示为该运营者发布在视频号上的唱歌短视频。

图 3-24

2. 舞蹈才艺

才艺展示作为一种关键手段，在塑造个人品牌或IP方面发挥着举足轻重的作用。一旦个人IP塑造成功，便能吸引大量精准的粉丝群体，从而为后续的变现提供坚实的基础。因此，众多具备个人才艺的运营者都将才艺展示作为打造个人IP的核心策略。

如图3-25所示，一位运营者通过发布舞蹈视频成功吸引了众多用户的关注。在这位运营者的视频中，主人公会前往各地进行舞蹈表演。尽管视频主题都是跳舞，但由于地点的多样性，每个视频都给观众带来了新

图 3-25

鲜感。这种独特的创意和呈现方式使得该运营者迅速积累了大量粉丝，成为网络上小有名气的人物。

3. 幽默搞笑

搞笑类视频想要上热门，最重要的一点是引起观众的共鸣，建立情感连接。

发布搞笑类视频的核心目的是让观众感到快乐，而这种快乐往往来源于观众与视频内容之间的情感共鸣。无论是通过夸张的表演、巧妙的剧情设计，还是通过深入人心的台词和配乐，搞笑类视频需要触动观众的情感，让他们产生共鸣。这种共鸣可以是对日常生活的调侃、对人性弱点的揭示，或者是对社会现象的讽刺。

图3-26所示是一名脱口秀演员，他在多个综艺节目中都有过精彩的表现。他的脱口秀表演幽默搞笑，以他独特的观察力和幽默感赢得了观众的喜爱。他的表演内容通常涉及生活中的各种场景和人物，通过夸张和幽默的手法，将日常生活中的点滴趣事展现得淋漓尽致，让观众在欢笑中感受到了生活的美好和乐趣。

图 3-26

3.4.2 新颖实用，常上热门

许多用户观看短视频时抱着一种猎奇心态，那么什么样的内容能够吸引他们的注意呢？答案之一便是技能传授类短视频。这类视频广泛涵盖了各种技能，从独特的绝活到日常生活中的小技巧，都包含在内，特别是那些既实用又简单易学的小技巧，更容易赢得用户的青睐。

一些手艺人会在视频号上分享他们制作手工艺品的过程。如图3-27所示，这位运营者便通过发布这类视频吸引了大量关注。这些视频不仅展示了手艺人的精湛技艺，还让观众在欣赏的同时，学到了不少有趣且实用的技能。

图 3-27

技能类内容往往能激发用户的好奇心，这一点与常规内容形成了鲜明对比。当用户认为视频中的技能在日常生活中具有实际应用价值时，他们不仅会收藏该视频，甚至愿意将其分享给亲朋好友。因此，只要视频所展示的技能对普通用户来说具有实用性，其播放量往往会相对较高。

值得注意的是，视频号中有许多技能需要长期练习和训练，这对普通用户来说可能并不容易掌握。然而，只要技能展示足够精彩、富有新意，仍然会吸引观众的眼球。实际上，运营者在制作视频时，更多地倾向于展示那些普通用户容易学习，并且在实际生活中能够运用的技能。这种内容形式在短视频平台上尤为受欢迎，很多热门短视频便是以这种方式呈现的。

3.4.3 游戏娱乐，也上热门

玩游戏作为年轻人钟爱的休闲方式，自然在视频号平台上催生了一批流量颇高的游戏类视频号（如图3-28所示）。这些运营者精准把握了游戏爱好者的需求，通过发布与游戏相关的短视频，成功吸引了大量粉丝。具体来说，他们分享的往往是一些游戏中的精彩瞬间、技巧攻略或游戏背后的趣味故事。

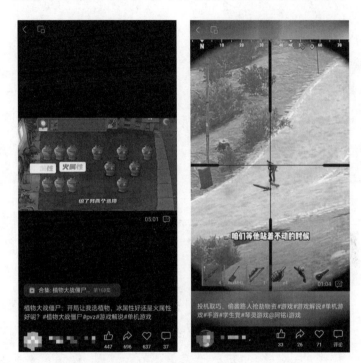

图 3-28

3.4.4 具有价值，可上热门

当视频号运营者没有创作灵感时，可以结合自己的兴趣爱好或专业来打造短视频，对大部分粉丝都比较关注的内容或话题进行普及，这样的短视频比较容易制作。如果视频内容具有收藏价值，用户也很乐意给短视频点赞、转发。

例如，某视频号经常分享穿搭技巧，推销穿搭文化，图3-29为该视频号分享穿搭技巧的相关视频。

又如，某视频号主要是分享日常生活小常识，这种冷门小常识有广泛的群众基础，分享的内容对用户来说有一定的实用价值，因此该视频号得到了不少用户的支持，图3-30为该视频号分享的日常生活小常识。

图 3-29

图 3-30

3.4.5　知识输出，必上热门

知识输出类短视频在各
大平台都广受欢迎，因为它
们能够满足用户在娱乐中学
习、获取实用知识的需求。
当用户观看完某个短视频后，
若能从中获得实用的知识点，
他们往往会表现出对该账号
后续内容的兴趣。因此，对
视频号运营者来说，发布知
识类视频是一个有效的吸引
用户的方法。

以某个专注拍照技巧的
视频号为例（如图 3-31 所
示），它通过持续分享实用
的拍照小技巧，成功吸引了

图 3-31

大量用户关注。在工作和日常生活中，拍照是很多人经常会做的活动，而这个视频号恰好提供了简单易学的拍照技巧，使得普通用户也能轻松掌握。因此，那些对拍照有兴趣或需求的用户，会自然而然地持续关注这个视频号，以获取更多相关的拍照知识。

3.5　直播：实时展示个人才华和生活

短视频平台上的直播是利用互联网和移动设备进行实时视频传输和互动的一种媒体形式。通过直播平台，主播可以实时展示自己的生活、才艺、游戏等内容，并与观众进行实时互动和交流。观众可以通过观看直播、发送弹幕、点赞、送礼物等方式表达自己的意见和情感，与主播和其他观众进行互动。本节将详细介绍如何开通视频号直播、视频号的直播方式，以及直播前的准备事项等。

3.5.1　如何开通视频号直播功能

对于不甘做一个看客，而是想利用视频号直播做营销、推广、分享日常生活的新媒体人，想要玩转视频号是需要深入研究的。下面介绍具体开通视频号直播的步骤。

（1）在微信"发现"界面，点击"视频号"选项，即可进入视频号界面，如图 3-32 所示。

（2）进入视频号界面后，点击右上角的""图标，如图 3-33 所示。

（3）进入"我的视频号"界面后，点击"发起直播"按钮，如图 3-34 所示。

（4）此时进入"视频号直播开播认证"界面，这里需要认证是否为本人直播且未满18周岁不允许开播，

图 3-32

图 3-33

并按照要求一步步填写相应的资料，即可成功开通视频号直播，如图 3-35 所示。

图 3-34

图 3-35

3.5.2　常用的3种视频号直播方式

上面已经详细讲解了如何开通视频号直播，本节将介绍3种不同的视频号直播方式。通过深入了解这些直播方式，运营者将能够根据自己的需求和兴趣，选择最适合自己的直播形式，从而更好地利用视频号进行直播。

1. 手机直播

手机直播是指利用手机终端，通过视频号进行音视频的采集，并通过4G或Wi-Fi无线网络将数据实时传输到数据收发服务端进行预处理。服务端会对这些数据进行编解码，然后输出成直播的视频流，供用户观看。

 提示：提示：在开播之前要确认是直播，还是预告直播。两者之间的差别就是，若直接开启直播，则点击"直播"选项即可；选择"创建预告"选项，则代表预定时间进行直播，如图3-36所示。

图 3-36

2. 计算机微信直播

计算机微信直播是指通过下载微信PC端进行相应的直播，下面将详细介绍如何在PC端进行微信直播。

（1）在浏览器中搜索微信官网，将Windows微信客户端升级至最新版，扫码登录后，单击左下角的"设置"按钮，选择"视频号直播工具"选项，如图3-37所示。

图 3-37

（2）如果第一次在Windows微信上直播，将会弹出插件下载提示，下载安装后，即可看到直播准备画面，如图3-38所示。

图 3-38

（3）单击界面右侧直播工具中的"画面源"按钮，即可添加相应的"摄像头""手机画面""窗口""多媒体""游戏进程""桌面""文本"7个选项，按照所需要的画面源，根据提示操作即可，如图3-39所示。

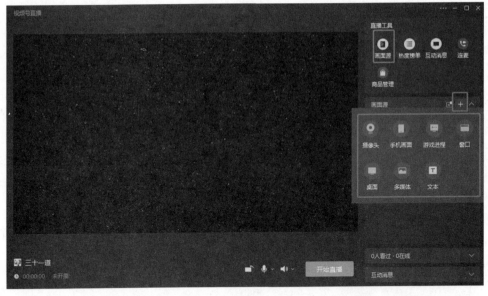

图 3-39

（4）以"窗口"为例，单击"窗口"按钮后，系统将自动识别当前计算机打开的"窗口"，找到需要直播的页面，单击"确定"按钮即可查看当前直播预览，如图3-40所示。

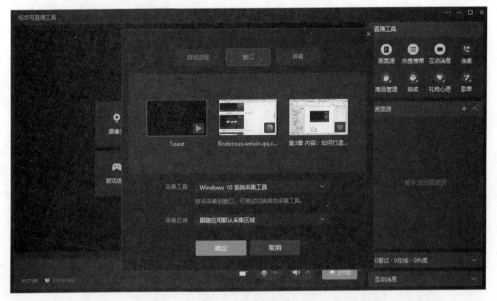

图 3-40

（5）在视频号直播界面右上角，单击…按钮，选择"设置"选项，可对麦克风、扬声器、画布大小及是否显示鼠标进行设置，如图3-41所示。

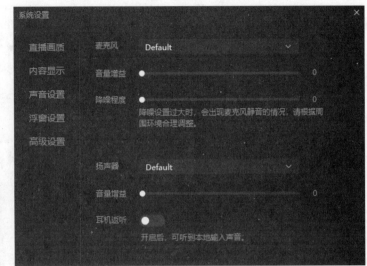

图 3-41

（6）单击界面下方的"开始"按钮后，可修改直播分类、添加直播描述及修改封面，确认无误后，单击"开始"直播按钮，如图3-42所示。

图 3-42

（7）直播开始后，可在画面右侧看到当前在线人数及用户评论，也可以单击"关闭评论"按钮，一键关闭评论，如图3-43所示。

图 3-43

（8）直播结束后，可查看本场直播数据。除此之外，也可单击数据详情，前往视频号助手管理端查看详细数据分析，如图3-44所示。

图 3-44

3. OBS计算机推流直播

Open Broadcaster Software（OBS）是一款应用广泛且免费的直播推流工具，支持 Windows、MacOS、Linux 操作系统，适用于多种直播场景。现在视频号、抖音各大短视频平台都支持OBS 推流，掌握 OBS 推流后可以实现丰富的画面呈现，如果是培训场景演示 PPT 或者计算机操作则更为方便、实用。下面将详细介绍如何使用OBS进行计算机推流直播。

（1）开启推流直播，首先需要进行视频号认证，认证通过后即可提供密钥及推流地址，如图3-45所示。

图 3-45

提示：提示：进行视频号认证可点击"创作者中心"|"申请认证"选项，包含个人认证和企业认证，如图3-46所示。

图 3-46

（2）如果没有安装过 OBS 软件，可以在浏览器中打开 OBS 官网，下载该软件，并根据操作系统选择相应的版本，如图3-47所示。

图 3-47

（3）安装好OBS后，启动OBS，单击界面下方的"设置"按钮，打开设置窗口，如图3-48所示。

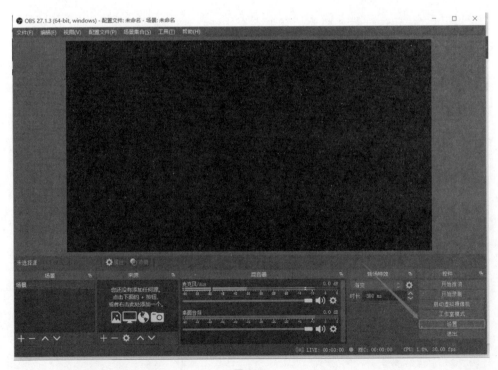

图 3-48

（4）在推流的设置窗口中填写从视频号中获取到的推流地址，并调节视频、音频、输出等相关配置，如图3-49所示。

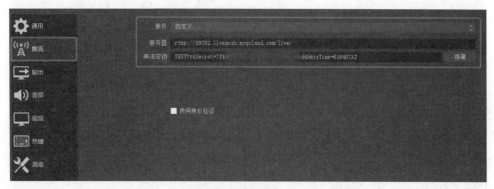

图 3-49

（5）接下来需要设置直播推流的视频和音频来源。单击"来源"面板的"+"图标添加来源，如图3-50所示。

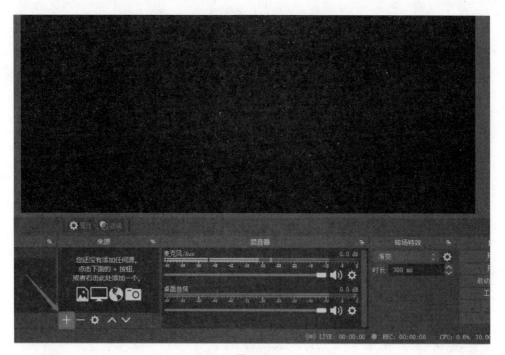

图 3-50

（6）如果要用计算机的摄像头和麦克风作为视频采集设备，可单击"视频采集设备"和"音频输入采集"按钮上传视频和音频采集设备，如图3-51所示。

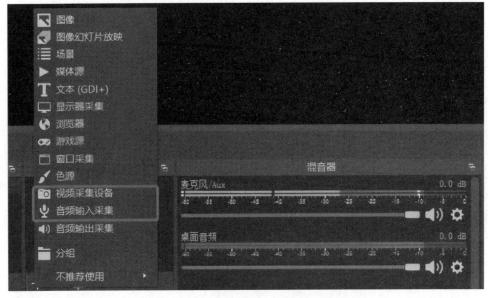

图 3-51

（7）如果需要在直播中演示PPT，请先用PowerPoint软件打开需要演示的PPT，开始放映，然后添加"窗口采集"的来源，如图3-52所示。

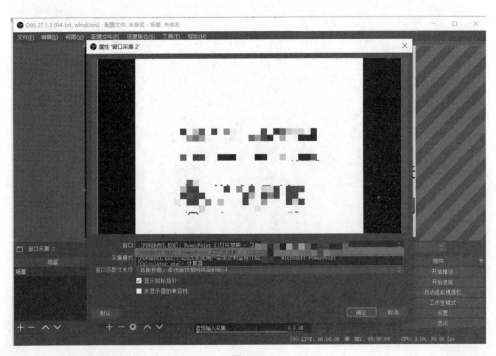

图 3-52

（8）配置完成后，单击"开始推流"按钮，就可以开始直播了，如图3-53所示。

图 3-53

3.5.3 直播前的准备事项

在进行视频号直播时，为了确保直播的顺利进行和效果的优质展现，运营者需要提前进行周密的准备。这是因为在直播过程中可能会遇到各种突发状况，这些状况有可能导致直播中断或者直播效果不佳。因此，在直播开始之前，运营者应当仔细检查直播所需的设备，并熟悉需要注意的事项，从而预防潜在问题的发生，确保直播的顺利进行。

1.测试网速

如果主播在直播过程中出现网络不佳的情况，可能会影响观众直播间的观看流畅度，从而导致观众因为观看体验不佳退出直播间的情况，这是得不偿失的。

因此，在开始直播前，运营者可使用任意测速App或者网站，进行网络测速。截图测速结果，关注上传网速（Mbps）结果，当上传的网速（Mbps）＜2时，建议更换网络或取消开播，如图3-54所示。

图 3-54

2. 将直播App更新至最新版本

在直播前将直播App更新到最新版本是非常重要的，原因主要有以下几点。

（1）功能优化：最新版本的直播App通常会包含一系列功能优化和改进，这些改进旨在提升用户体验，确保直播过程更加顺畅。例如，新版本可能会优化界面设计，使之更加直观易用，或者增加新的互动功能，如弹幕、点赞等，增强观众与主播的互动体验。

（2）性能提升：更新到最新版本可以帮助提高App的运行性能，减少卡顿、闪退等问题。这对直播而言尤为重要，因为直播需要稳定、流畅的网络连接和快速的响应速度，以确保观众能够顺畅地观看直播内容。

（3）安全性增强：随着技术的不断发展，网络安全问题日益突出。更新到最新版本可以帮助修复可能存在的安全漏洞，保护用户的隐私和数据安全。对直播而言，这意味着观众的个人信息和支付安全得到了更好的保障。

（4）兼容性改善：新版本的直播App通常会改进与不同设备和操作系统的兼容性，减少因设备或操作系统不兼容而导致的直播问题，这有助于确保更多观众能够顺利观看直播内容。

将直播App更新到最新版本可以确保直播的顺利进行，提升用户体验和安全性，同时增强App的兼容性和性能。因此，在直播前将直播App更新到最新版本是非常必要的。

3. 直播预告

在直播前发起直播预约，实际上带来了许多好处。首先，预约直播要求提前确定直播的主题，如图3-55所示。这为主播提供了一个明确的方向，使得主播在直播过程中能够有目的地准备内容，避免陷入尴尬的沉默或话题过于发散。

图 3-55

其次，一旦主播发布了直播预约，主播的视频号主页及所发布的短视频（尤其是那些广受欢迎的爆款视频）中会显示相关的预约信息。此外，主播还可以将直播信息分享到朋友圈和微信群中，从而吸引更多的观众。预约人数的增加不仅提高了直播的曝光度，还为主播设定了一个明确的时间节点。这种"冷启动"的方式会激励主播更加认真地准备直播，同时也有助于增强主播的直播信心，使主播不会轻易放弃。

最后，值得注意的是，对于发布了直播预约的直播，主播可以在视频号助手的网页登录界面查看直播数据，包括直播回放，而且这些回放还支持下载。不过，目前尚不确定这一功能是否处于灰度测试阶段，因此建议经常进行直播的朋友们自行验证一下。

4. 直播带货

要将商品上架到直播间，可以按照以下步骤进行操作。

首先，登录视频号，进入"创作者中心"界面。在"创作者中心"界面，找到并点击"带货中心"选项。接着进入"橱窗管理"界面，会看到一个"添加商品"选项，点击它，如图3-56所示。

接下来可以选择从已绑定的个人微信小商店中添加商品，或者从已授权的推广微信小商店中选择商品。此外，还可以直接在"选品中心"界面浏览并选择想要推广的商品。

一旦选择了要推广的商品，它们将被自动添加到直播间橱窗中，供观众浏览和购买。

图 3-56

3.5.4　直播时如何让人气猛涨

开播后，如何有效地吸引并维持观众的注意力，使直播间人气旺盛，避免陷入冷场的尴尬局面呢？下面将介绍几个实用的技巧。

1. 开播后多送福袋

在直播间送福袋时，可以选择赠送实物奖品或虚拟产品。实物奖品通常包括销售的产品样品或精心挑选的小礼品。当用户中奖后，只需他们提供收货地址，便可以通过快递将奖品送到他们手中。而虚拟产品则更常见于提供产品或服务的直播间。例如，作为篮球教练，通常会赠送一些篮球袜或篮球指导课程等虚拟产品给中奖的用户，如图3-57所示。这种策略在吸引和留住直播间观众方面效果显著，对提升直播间的人气大有裨益。

2. 直播间派送红包

如今的视频号直播充满了创新性和互动性，为了吸引观众，主播们换着花样让用户观看直播。其中一种常见且效果显著的方式就是在直播开始后发放红包，并将这一消息通过社群进行传播，如图3-58所示。

为了确保消息能够迅速且广泛地传播，最好有一个助手（通常是运营人员）协助转发，但如果没有助手，主播也可以自行转发。当这一消息被转发到社群时，直播间的封面会显示如"××直播间正在派发红包"等吸引人的字眼。这样的提示对大多数用户来说具有很大的吸引力，尤其是在他们不太忙碌的时候。一旦看到"红包"这样的字眼，许多用户都会忍不住进入直播间观看，从而进一步提升直播间的人气。

图 3-57

图 3-58

3. 连麦多互动，增强粉丝黏性

人类作为情感丰富的生物，渴望与他人建立情感联系和交流。直播间就像一个大型的社交场所，为这种交流提供了独特的平台。当主播能够有效地与粉丝互动，以幽默调侃的方式（但要避免低俗的内容）增进彼此之间的关系，并时常给予粉丝赞美和鼓励时，粉丝往往更愿意长时间停留在直播间。尤其是当主播与粉丝进行连麦互动，解答他们的疑惑，使粉丝感到被重视和获得满足感时，这些粉丝更容易转化为忠实的铁粉，如图3-59所示。只要主播开播，并且他们不是非常忙碌，铁粉们都会尽量观看，生怕错过有价值的内容。

图 3-59

他们甚至会成为付费用户，支持主播的工作。此外，通过连麦互动，其他观众也能从中获得实用的知识和信息，同时感受到主播的真诚和用心。虽然他们可能在这一次没有下单，但下一次开播时，他们可能会做出购买决定。

3.5.5　直播后的复盘也极为重要

直播结束后，应立即对直播过程进行复盘分析，以优化流量转换效果。在复盘过程中，需要仔细回顾直播的各个环节，包括互动、内容呈现、用户反馈等，从而找出潜在的问题和改进的空间。同时，要关注直播期间的流量情况，分析流量来源和转化率，以便更好地调整策略，提升流量转换效率。

1. 复盘

在视频号助手应用界面中，首先进入"数据中心"，然后选择"直播数据"选项，这里会展示所有直播的场次。接下来可以通过筛选或搜索功能选择想要查看的特定场次的直播。一旦选定了场次，就可以轻松查看该场直播的详细数据，包括观众互动、流量来源等关键信息，如图3-60所示。

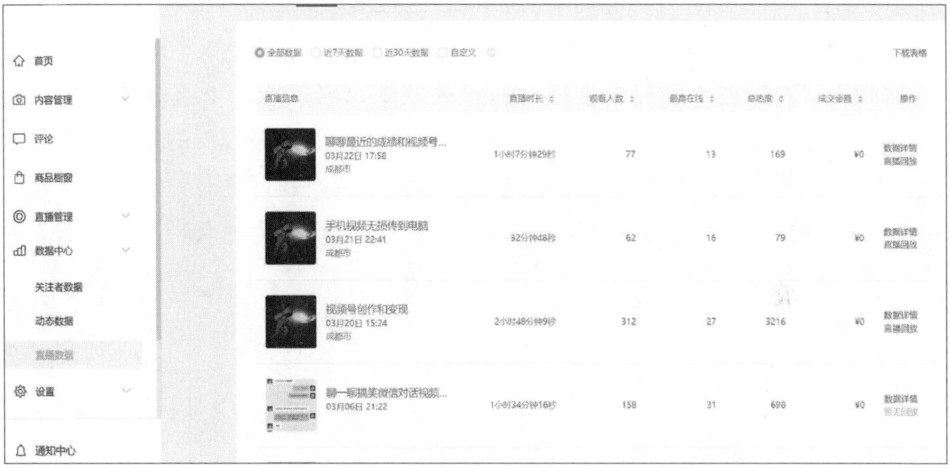

图 3-60

在"数据详情"部分，信息被细致地分为了多个标签页，包括基础数据、互动数据、送礼数据等，如图3-61所示。所有这些数据都以曲线图的形式进行展示，使得用户能够轻松地观察和分析人数、互动及带货转化等关键指标的变化趋势。

| 基础数据

观看人数	观看次数	最高在线	平均观看时长
312	446	27	14分08秒

| 互动数据

点赞次数	评论次数	分享次数	新增关注人数
3945	367	31	19

| 送礼数据

热度	送礼人数	送礼次数
3216	40	112

图 3-61

2. 运营

在直播过程中，如果进行了福袋抽奖、承诺赠送资料或邀请观众加入微信群等互动环节，务必在下播后第一时间履行这些承诺。这不仅能够维护观众的信任，还能确保直播活动的持续吸引力。

同时，为了进一步提升直播的质量和效果，建议记录下直播中的高光场景、直播回放及直播数据的曲线图。这些资料是评估直播表现的重要依据，通过回顾和分析，可以发现直播中的亮点和不足，从而制订更有针对性的优化策略。这样的做法不仅有助于提升未来的直播效果，还能为观众带来更加精彩的直播体验。

第 4 章
摄影与制作：轻松打造专业级大片

　　相较于单纯地观看视频，参与视频的创作更能带来深刻的体验。若想全面感受视频号的魅力，亲自制作短视频无疑是必经之路。对许多新手而言，可能因为担忧或缺乏头绪而踌躇不前。为此，本章将为大家提供从拍摄准备到实际操作过程中的全面指南，包括各种拍摄技巧。相信通过对本章内容的学习，大家不仅能够掌握制作短视频的关键要素，还能创作出既完整又精美的短视频作品。

4.1 拍摄前的准备

在正式开始的拍摄之前，需要根据所确定的拍摄主题和类型，进行相应的准备工作。这些准备工作包括确保所需的硬件设施完备，如摄影设备、照明器材等；同时，还需要根据拍摄需求进行场景布置，以营造出符合主题和类型的拍摄环境。通过这些必要的准备步骤，可以确保拍摄过程更加顺利，最终呈现出高质量的视频作品。

4.1.1 硬件：硬件设施不能少

在拍摄短视频时，准备必要的硬件设备是至关重要的。鉴于手机已成为现代人生活中不可或缺的工具，并且其镜头像素已轻松突破一亿，因此手机足以胜任大多数短视频的拍摄需求。使用手机拍摄视频的相关设备如下。

1. 拍摄支架

无论是进行业余的还是专业的拍摄，拍摄支架的重要性都不容小觑。特别是在需要固定机位、展现大场景或进行延时拍摄时，这类辅助设备能够发挥出色的稳定作用。图4-1所示展示了不同类型的支架设备，大家可以根据具体的拍摄需求和场景来灵活选择，以确保拍摄效果达到最佳。

图 4-1

2. 音频设备

对视频而言，声音的重要性与画面不相上下，但这一点往往被许多新手忽视。通过采用手机外置麦克风等音频辅助设备，可以显著提升短视频的音质，同时简化视频声音的后期处理流程。

在常用的音频设备中，线控耳机适用于个人的简单拍摄，尤其是当对音质要求不高时。此外，智能录音笔作为一款集高清录音、录音转文字、同声传译和云端存储等功能于一体的智能硬件，不仅体积小巧、携带方便，而且极大地简化了后期字幕的处理工作，使其成为手机短视频即时处理和制作的理想选择。

在麦克风方面，主要有外接麦克风、领夹麦克风和无线麦克风3种类型。外接麦克风以其轻便、易携带的特点受到青睐，同时在音质和降噪效果上相较于智能录音笔更具优势。市场上的外接麦克风种类繁多，用户可以根据产品性能和拍摄需求进行自由选择。领夹麦克风则特别适合捕捉人物对白，由于其体积小，可以轻松地隐藏在衣领或外套下。无线麦克风则通过接收器与发射器之间的天线接收声音信号，实现长距离无线声音传输，为拍摄提供了更大的灵活性。

3. 补光灯和反光板

无论是拍摄照片还是拍摄视频，光线始终都是至关重要的元素。特别是在晚上或光线不足的环境中拍摄视频时，补光灯成了不可或缺的辅助工具。相较于闪光灯，补光灯的光线更柔和，它不仅能够提亮拍摄环境或人物的肤色，还具备出色的柔光效果，使画面更加自然柔和，如图4-2所示。

而在室外进行大场景拍摄时，反光板则是一个轻便且高效的补光工具。它能够反射光线，为拍摄对象提供额外的照明，从而提高画面的亮度，增加画面的层次。由于轻便且补光效果好，因此反光板在室外拍摄中常常发挥着重要的辅助作用，如图4-3所示。

图 4-2

图 4-3

4.1.2　要素：灯光、服装、表演

要想拍摄出一条优秀的视频，三大核心要素不可或缺：灯光、服装和表演。这三者相辅相成，共同构成了保证视频质量的基石。

1.灯光

摄影本质上是一门捕捉光线的艺术。在户外，利用自然光线拍摄相对简单且效果自然。然而，当进入室内或面临夜晚昏暗复杂的光线环境时，拍摄者常常会面临曝光不足的挑战。为了弥补光线的不足，提升画面的亮度，有些人可能会选择强行提高亮度。但这种做法往往会导致图像中出现噪点，影响画面质量。

因此，对视频拍摄初学者来说，学习和掌握正确的补光技巧至关重要。这包括了解不同类型的光源及其特点、掌握光线的投射角度和方向，以及学会如何根据拍摄环境和需求调整光源的位置和亮度。只有这样，才能在复杂的光线条件下拍摄出明亮、清晰、富有层次感的画面，为观众带来更好的视觉享受。下面给大家介绍两个灯光设置小技巧。

（1）室内打光

当室内光线昏暗时，可以采用三点布光法来人为布光，如图4-4所示。

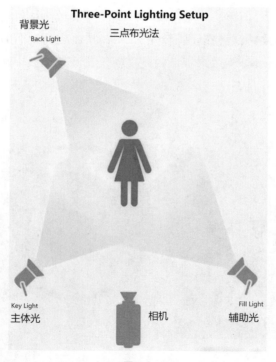

图4-4

主体光，一般也叫主光，是拍摄环境中的主要光照来源，作用是照亮主体，而且能直接影响画面的色温和亮度。所以主光的位置一般放在主体侧前方，并与摄像机形成45°～90°的夹角。

注意，主光越向侧面移动，光在人物脸上越具有戏剧效果。只有一个主光的时候，会在脸上形成大量阴影，相对于主光，在人物主体的另一侧前方可放置辅助光，打亮主体的阴影，模拟更加真实的视觉效果。主光和辅助光一起打亮主体，但是主体背面的背景还是不清楚，所以需要在主体后侧方放置一个轮廓光（也叫背景光），增强画面的层次感和纵深感，以避免被拍摄对象，也就是主体与背景交融的情况。

（2）室外打光

室外光线比室内光线更加复杂多变，要通过调整相机上的参数或者时间段来用好光线。光线较强的中午光线太硬，不是一个好的拍摄时间，相对来说上午或者傍晚时段，光线会更加柔和，视频呈现的效果也就更好。

漫射光可以从各个方向均匀照亮主体，是最理想的光，因此阴天的氛围和光线，也是拍摄通透清晰人物主体的非常好的选择。

但是，有时候拍摄时间其实并不是人们可以掌控的，如果真的一定要在中午阳光正强的时候拍摄，可以使用柔光布，将柔光布放置在主光源的方向，也就是拍摄主体的侧前方，这样可以将原本过硬的光线，通过柔光布柔化，如图4-5所示。

图4-5

过强的阳光还会带来过重的阴影，这时可以在与主光源相反的方向，朝着被拍摄主体的阴影处，增加一个反光板，达到补光的效果。

2. 服装

一个人的服饰装扮是其身份、职业和喜好的直观展示，对视频号发布的视频的拍摄来说，选择合适的服装搭配至关重要，它能够与视频主题相契合，提升观众的观看体验。以下是针对不同类型视频在穿搭方面的基本原则。

（1）知识类：对于知识分享类视频号，塑造专业形象至关重要。为了让观众感受到权威性和可信度，服饰方面建议选择正装或休闲商务装，以展现出专业和严谨的态度。

（2）娱乐类：娱乐类视频号的穿搭则需要与视频内容相呼应，营造出相应的氛围。例如，搞笑类视频可能需要借助杀马特假发、紧身衣等道具来增强喜剧效果，而时尚类视频则可能要求穿着时尚、前卫的服装来吸引观众。

（3）生活分享类：对于生活分享类短视频，穿搭没有过多要求。休闲或日常穿搭即可，甚至可以直接穿睡衣出镜。这种贴近生活的穿搭方式有助于拉近与观众的距离，让内容更加真实自然。

（4）专业教程类：专业教程类视频号则需要根据具体的视频内容来选择穿搭。例如，体育、健身类视频可能需要穿着运动装备来展示动作；舞蹈类视频则需要穿着专业的舞蹈服装来展现舞姿；美搭类视频则可以通过展示不同风格的服装搭配来传授穿搭技巧。在追求专业性的同时，也要确保自身的安全。

3. 表演

虽然大部分视频号用户没有接受过专业的表演训练，甚至从未有过上台表演的经验，但这并不意味着不能拍摄出一段吸引人的视频。实际上，短视频的主要内容往往并不依赖专业演员的演技，而是更多地聚焦于普通人的生活点滴和真实情感。因此，作为普通人的你和我，完全有能力创作出触动人心的视频内容。

（1）表情

在表情管理方面，至关重要的是保持自然。应当尽量让自己处于一个与日常对话相似的轻松状态中，以便展现出最真实、最自然的一面。同时，需要努力避免一些不良的习惯性动作，例如频繁地眨眼或舔嘴唇，这些动作可能会给观众带来不适。

为了更好地掌握表情管理，演员们可以经常对着镜子进行练习。镜子能帮助大家清晰地看到自己的面部表情和角度，从而进行调整。通过不断地练习和调整，可以逐渐找到最适合自己的表演方式，使得举手投足都显得自然而随意。

在拍摄泛娱乐类或其他轻松搞笑的视频时，演员们可以根据剧情的需要，适度地放大表情的表演力度。通过以更夸张的形式表达喜怒哀乐，可以更好地渲染气氛，向观众传达出想要表达的情感。这样的表演方式不仅有助于提升视频的观赏性，还能使观众更容易产生共鸣。

（2）视线

对于刚开始接触短视频的朋友，面对镜头时可能会感到有些不自在，甚至习惯性地回避摄像头的注视。这种情况通常是由于镜头感不足导致的。这里教大家一个小方法。

当使用手机前置摄像头进行自拍时，应该注视摄像头镜头的位置，而不是盯着屏幕来寻找最佳角度。通过不断地练习和调整，逐渐习惯摄像头的存在，从而消除对镜头的恐惧感。

在拍摄时，选择正机位是个不错的选择。这意味着眼睛应该正视摄像头前方，保持稳定的视线。当然，偶尔的眨眼是自然的，但避免频繁地偏移视线，否则会给观众留下眼神飘忽不定的印象，显得非常不自然。

如果仍然难以克服镜头恐惧感，那么侧机位可能是一个更合适的选择。这样，眼睛就不必直视镜头，甚至可以在视线前方放置提词器来帮助更好地集中注意力。尽管这是一种相对讨巧的方法，但还是建议大家尽量选择正视摄像头。因为眼睛是心灵的窗户，通过眼神的交流，能够与观众建立起互动感，更好地传递情感和态度。

（3）肢体语言

肢体语言，也被称为身体语言，是一种通过人体的各个部位，如头、眼、手、足等，以动作的形式来传达信息的沟通方式。其重要性在于，它能够补充和强化口头语言，使得沟通更加完整和有效。研究显示，在一个人向外界传达的信息中，语言本身只占据了7%，声调占据了38%，而剩余的55%则是由肢体语言来传达的。

对演员来说，肢体语言更是他们表演艺术中的重要组成部分。通过丰富而准确的肢体语言，演员们能够更生动地诠释角色，使观众更好地理解角色的情感和内心世界。

以不同类型的视频为例，泛娱乐类视频通常要求演员展现出更加夸张的肢体语言，以营造出喜剧效果，吸引观众的注意力。而在知识类视频中，虽然表演的幅度相对较小，但演员仍需要关注上半身的肢体语言，通过头、眼、颈、手、臂等部位的协调活动来传达自己的情感和心境。例如，鼓掌可以表达兴奋，打哈欠可能表示厌烦、无聊或困倦，而摇头则可能表示不同意、震惊或不相信。这些微妙的肢体语言动作，都能为观众提供更深层次的理解和感受。

（4）节奏

这里的节奏主要讲的是台词对白的陈述节奏，为了确保观众能够清晰理解并感受到角色的情感与意图，对演员最基本的要求是必须保持声音清晰、发音准确。除此之外，流畅自然的语言表达同样至关重要，它能够使对话更加生动、真实。最后，富有感染力的台词能够深深打动观众的心，使他们更加投入地观看表演。

4.2 拍摄技巧，零基础也能轻松掌握

许多新手在拍摄视频时常常感到自己的作品与他人相比有所欠缺，但却难以明确指出问题所在。实际上，这往往是由于他们尚未熟练掌握并灵活运用各种拍摄手法导致的。为了解决这一问题，本节将为大家提供一系列详细的视频拍摄知识，旨在帮助大家迅速掌握视频的拍摄技巧，从而拍摄出更加出色的作品。

4.2.1 11种运镜手法玩转视频拍摄

在制作视频号短视频时，若要使作品更加精美和抢眼，掌握并熟练运用运动摄像的常用拍摄手法是至关重要的。这些拍摄手法包括推、拉、摇、移、跟、甩、升、降等。下面将详细介绍视频号的拍摄手法，为之后制作视频奠定良好的基础。

1. 推

推是指将镜头推向被摄主体，向被摄主体不断靠近，或者变动镜头焦距使画面由远而近的拍摄手法。推镜头可以形成视觉前移效果，会使被摄主体由小变大，如图4-6所示。

图 4-6

2. 拉

拉与推正好相反，是摄像机不断远离拍摄物，或者变动镜头焦距使画面由近

变远的运镜手法，如图4-7所示。

图 4-7

3. 摇

摇镜头是指摄像机的位置保持不变，仅通过镜头的移动来调整拍摄的方向。这种技巧类似于人站着不动，通过转动头部来观察周围的环境和事物。通过这种拍摄方式，可以更加平滑地转换视角，引导观众的视线，使画面更具动感和流畅性。在视频制作中，摇镜头是一种常用的拍摄手法，它能够为观众带来更加丰富的视觉体验，如图4-8所示。

图 4-8

4. 移

法国摄影师亚历山大·普罗米奥（Alexandre Promio）在1896年的一次威尼斯游艇之旅中获得了灵感。他设想了一种创新的拍摄方法，即使用移动的电影摄像机来拍摄静态物体，使其呈现出动态效果。基于这一设想，普罗米奥首创了"横移镜头"的拍摄技法。在拍摄时，他将摄像机放置在移动的车上，并沿轨道一侧移动以捕捉画面。这种拍摄方式所产生的视频具有人力难以企及的稳定性，因此在电影行业中得到了广泛应用，如图4-9所示。

图 4-9

在拍摄短视频时，也可以运用类似的移动镜头技巧。如果没有专业的滑轨等设备，可以简单地用双手持手机，保持身体稳定，然后通过缓慢移动双臂来平移手机镜头。通过这种技巧同样可以拍摄出动态效果，并增强视频的趣味性和视觉冲击力。

5. 跟

跟镜头是指拍摄时摄像机紧随运动中的被摄对象。这种拍摄方式包括推、拉、摇、移、升/降等多种形式。通过跟拍，动态的被摄对象（主体）在画面中的位置得以保持相对稳定，而前后景则不断变化。这种拍摄技巧不仅能够突出运动中的主体，还能清晰地展现物体的运动方向、速度、体态，以及其与周围环境的关系。同时，跟拍确保了物体运动的连贯性，有助于全面展示被摄对象的精神面貌。这种拍摄手法在影视制作中非常常见，对于营造紧张、连贯的视觉体验具有重要意义，如图4-10所示。

图4-10

6. 升/降

升/降镜头是指拍摄时摄像机上下运动，这种拍摄方式可以从多个不同的视点展现场景，为观众带来丰富的视觉体验。在拍摄升/降镜头的过程中，通过不断调整摄像机的高度和俯仰角度，可以创造出垂直升/降、斜向升/降及不规则升/降等多种变化。

当升/降镜头的速度和节奏得到恰当的控制时，能够富有创造性地表达情节的情感氛围。这种镜头拍摄技巧常用于揭示事件的发展规律，或者展现场景中上下运动的主体对象的主观情绪。此外，当升/降镜头与其他镜头表现技巧相结合时，能够呈现出更加丰富多彩、引人入胜的视觉效果，如图4-11所示。

图4-11

7. 甩

甩镜头指的是在一个画面结束后，摄像机不停机，迅速转向另一个方向，从而改变镜头的画面内容。在甩的过程中，拍摄下来的内容会变得模糊不清，这与人们在观察事物时突然转头看向另一边的视觉体验非常相似，因此非常符合人们的视觉习惯。

甩镜头能够强调空间的转换和同一时间内不同场景中所发生的并列情景，为观众带来强烈的视觉冲击。在拍摄甩镜头时，摄影师需要注意节奏和速度的把控，以确保画面转折自然流畅。具体而言，甩的方向、速度及甩过程的长度都应该与前后镜头的动作、方向和速度相协调，以营造出连贯且富有动感的视觉效果。

8. 旋转

旋转镜头是指被拍摄对象呈旋转效果的画面，镜头沿镜头光轴或接近镜头光轴的角度旋转拍摄，摄像机快速做超过360°的旋转拍摄，这种拍摄手法多表现人物的眩晕感，是影视作品常用的一种拍摄手法，如图4-12所示。

图 4-12

9. 晃动

晃动镜头是指在拍摄过程中，摄像机机身上、下、前、后摇摆，常用作主观镜头，在特定情况下使用此镜头往往能产生强烈的震撼力和主观情绪，形成特定的艺术效果，如表现精神恍惚、头晕、乘车摇晃颠簸等效果。

10. 俯拍

俯拍，也称为"俯摄"或"高角度俯摄"，是一种摄影或电影拍摄技巧，指摄影机镜头视轴偏向视平线下方的拍摄方式。在以这种方式拍摄时，摄影机处于俯视被摄对象的位置，从上往下拍摄，因此被摄对象的视角在物体的上方，有时甚至是正上方，如图4-13所示。

图 4-13

俯拍的特点和效果包括：

（1）地平线在画面中的位置很高，有利于交代画内景物的层次、数量及分布情况，可以展现出完整的画面布局，显得宽广、气势宏伟。

（2）画面中竖向线条有向下透视集中的趋势，能形成一种压抑、低沉的气氛，可营造轻视、怜悯的感情色彩，有时也可以表现浩大的、视野开阔的场景。

（3）在拍摄环境与人的关系时，可以营造孤单、渺小、茫然、压抑的视觉效果。

然而，俯拍角度在处理群众场面时可打造壮观宏伟的气势，但在拍摄人物近景时需掌握分寸，在较近的距离过俯的角度，易造成透视变形。

11. 仰拍

仰拍，也称为"仰摄"或"低角度俯摄"，是指摄影师将稳定器及镜头尽量贴近地面，进行拍摄。摄影机和镜头从低角度拍摄演员或动作，可以让被摄对象显得更高大、雄伟、有气势，如图4-14所示。

图4-14

仰拍具有以下特点和效果。

（1）仰拍人物可以让人物身材显得更高挑，重点展现腿部。使用广角镜头拍摄，将相机尽量放低，利用强烈的透视效果，可以将人物的腿部拍得特别长。

（2）以仰拍角度观察到的人或物非常有存在感，高于众生，或者在故事中占上风。这个角度可以使主体鲜明突出，将次要的物体、背景降于画面下部，使画面显得洁净，富有写情意味。

（3）仰拍会产生主体下宽上窄的变形效果，特别是在使用广角镜头后，这种变形更加明显。近距离拍摄时，变形效果更明显；若距离被摄主体较远，变形效果较微弱。

然而，需要注意的是，仰拍时如果角度过仰，容易产生变形，需要摄影师根据具体情况灵活调整角度和距离。此外，仰拍在建筑摄影中也比较常用，可以展现出建筑的雄伟和壮观。

4.2.2　9种构图技巧增加创造性

在拍摄短视频时，除了要掌握各种拍摄手法，构图技巧同样至关重要。选择合适的构图方式可以为短视频增添不少亮点。值得注意的是，拍摄视频时的构图原则与拍摄照片的构图方式非常相似，二者都强调对画面中主体元素的妥善安排，以营造出和谐、舒适的视觉效果。接下来将介绍9种不同的构图技巧，帮助提升短视频的构图水平。

1. 中心构图法

中心法构图是一种将主体元素置于画面中心的构图技巧。采用这种构图方式拍摄的画面，主体位于观众首先注视的焦点，因此能够突出显示并吸引观者的注意力。通过将主体置于画面中心，不仅强调了主体的重要性，还保持了画面的平衡感。在拍摄短视频时经常采用这种构图技巧，因为它能够有效地引导观众的视线，并快速传达视频的核心内容，如图4-15所示。

2. 对称构图法

对称构图是指依据特定的对称轴或对称中心来布局画面中的元素，使得景物呈现出轴对称或中心对称的效果。这种构图方式常常用于拍摄具有对称性质的景物，如建筑、隧道等。通过运用对称构图，可以赋予观众一种稳定、安逸和平衡的视觉感受，如图4-16所示。

图4-15

图 4-16

　　尽管对称构图能够给人带来稳定、安逸和平衡的感觉，但在某些情况下，它可能会受到限制，导致画面显得过于平稳甚至呆板，特别是在快节奏的视频中，对称构图可能无法充分展现所需的活力和动感。因此，在选择构图方式时，创作者需要根据具体的题材和节奏来做出决策。

3. 垂直构图法

　　垂直构图法，是以垂直线条为主要视觉元素来构建画面的构图方式。这种构图方式能够突出展现景物的高大和深度，为观众带来强烈的视觉冲击力。垂直构图法常用于拍摄那些本身就具备明显向上发展的被摄体，如高楼大厦、参天大树等，如图4-17所示。

图 4-17

4. 水平线构图法

水平线构图法，作为画面构图中最基础且应用广泛的一种构图方式，主要以水平线条为主导元素。在拍摄辽阔的场景，如海平面、草原等自然风光时，这种构图方式尤为常用。水平线条本身就具备稳定的特性，因此，通过水平线构图呈现的画面，往往能够给观众留下一种宽广、稳固、和谐的视觉感受，如图4-18所示。

图 4-18

5. 对角线构图法

对角线构图是指使主体元素沿画面对角线进行排列，能够展现出强烈的动感、不稳定性或有生命力等感觉。这种构图方式能够为观众带来更加饱满和充满活力的视觉体验。在运用对角线构图时，摄影师可以根据拍摄主题和想要传达的情感来选择合适的角度和线条走向，以突出主体的特点，并引导观众的视线，如图4-19所示。

图 4-19

6. 引导线构图法

引导线构图是一种通过线条的引导，将观众的视线聚焦到画面主要表达的对象上的构图方式。在拍摄短视频时，尽管这种构图方式的应用相对较少，但它在大场景和远景的拍摄中却能发挥出巨大的优势。通过精心设计的线条引导，摄影师可以巧妙地引导观众的视线，使其自然而然地被吸引到画面中的关键元素上。这种构图方式不仅有助于突出主题，还能够增强画面的层次感和空间感，如图4-20所示。

图 4-20

7. S形构图法

S形构图是一种能够赋予画面动感和柔美曲线的构图方式。通过运用S形线条，摄影师可以营造出一种意境美，使观众在欣赏画面时有一种更加丰富的视觉体验。这种构图方式通常被用于画面的背景布局和中空镜头中，通过巧妙地运用S形线条，摄影师可以引导观众的视线，使画面更加生动和引人入胜，如图4-21所示。

图 4-21

8. 九宫格构图法

九宫格构图是摄影中比较重要的构图方式，摄影师几乎在拍摄任何画面时都会遵循这一原则。九宫格构图的核心在于利用画面中的上、下、左、右4条黄金分割线，将整体画面进行精准分割。这4条线被业界广泛认为是画面的黄金分割线，而它们相交所形成的点，则被誉为画面的黄金分割点。这样的构图方式不仅有助于摄影师更好地安排和平衡画面中的元素，还能够引导观众的视线，使作品更具吸引力和表现力，如图4-22所示。

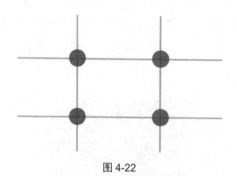

图 4-22

9. 框架式构图

框架式构图是一种独特的构图方式，它利用框架将画面中的重点元素框起来，从而引导观众的注意力集中在框内的景象上。这种构图方式常常能够给人一种跨过门框就进入画面的沉浸式体验。

然而，在采用框架式构图拍摄时，摄影师需要注意曝光的问题。由于框架本身的亮度往往低于框内景物的亮度，明暗之间的反差较大，这可能导致框内景物曝光过度，而边框则出现曝光不足的情况。因此，摄影师在拍摄时需要仔细调整曝光设置，确保框内景物和边框之间能够保持适当的曝光平衡，以呈现出最佳的视觉效果，如图4-23所示。

图 4-23

4.2.3　8大技巧教你拍出满意的效果

在拍摄视频时，运营者可以借助一系列技术手段，如调整拍摄速度、运用视频编辑软件和特效等，为作品注入更多活力。为了帮助运营者更加方便快捷地制作出高质量的短视频内容，下面介绍8个实用的视频号短视频拍摄技巧。

1. 定时暂停更便捷

现在拍照软件层出不穷，运营者要懂得善于利用这些软件。有的软件有"倒计时"功能，如果手机摆放位置比较远，运营者就可以利用"倒计时"功能来远程控制暂停录制。例如，运营者要拍摄10秒就暂停，只需点击"倒计时"功能中的"🔲"10s图标即可，如图4-24所示。然后开始拍摄，当拍摄到第10秒的时候就会自动暂停。

图 4-24

如果拍摄软件没有"倒计时"功能，运营者也可以在后期剪辑视频的时候，将多余的视频片段剪掉。

2. 调整视频的快慢

在拍摄短视频的过程中，运营者不仅可以运用滤镜和美颜等效果，还能灵活调整拍摄速度，从而创造出令人眼前一亮的视觉效果。快慢速度的调整，实际上是对音乐与视频之间匹配度的精细调控。当选择"快"或"极快"模式时，拍摄时的音乐节奏会相应减缓，而最终视频中的画面则会快速播放，这种处理能够营造出一种动感十足、充满活力的效果。相反，如果选择"慢"或"极慢"模式，音乐节奏则会加快，而视频画面则相应放慢，从而营造出一种沉静、细腻的氛围。如图4-25所示，有些手机自带慢动作拍摄功能。

图 4-25

快慢速度调整功能对创作者来说具有重要意义。它使得运营者能够根据自己的节奏进行舞蹈剪辑创作，从而展现出独特的个性和风格。同时，不同的拍摄节奏也有助于避免内容同质化，即使内容相似，不同的节奏也会给人带来截然不同的视觉体验。

3.分段拍摄视频

分段拍摄短视频是运营者创作视频时的一种常用方法。在拍摄过程中，运营者可以首先拍摄一段视频，随后暂停，接着拍摄下一段，最终将这些分段拍摄的视频片段拼接在一起，形成一个完整的短视频作品。只要运营者能够巧妙处理两个场景之间的过渡和转场，使得它们自然流畅地衔接在一起，那么最终呈现出的视频效果将会非常炫酷，充满吸引力。这种分段拍摄的方式不仅为创作者提供了更多的灵活性和创意空间，还能有效提升视频的观看体验。如图4-26所示为抖音App分段拍摄短视频的界面截图。

图 4-26

4. 防止抖动保证对焦清晰

手抖是很多运营者在拍摄视频时都会遇到的问题，这也成为一个致命伤。为了确保拍摄出清晰稳定的视频，运营者在拍摄时务必保持手部的稳定，避免任何抖动。除此之外，正确的对焦同样至关重要，它有助于捕捉清晰、生动的画面。为了防止手部抖动对视频质量造成影响，运营者可以将手机放置在专门的支架上，或者寻找其他稳定的支撑物将手机立起。在需要更大范围移动拍摄的情况下，自拍杆和支架等辅助工具也是不错的选择。通过采取这些措施，运营者可以有效地提升视频的拍摄质量，呈现出更加专业、清晰的画面效果。

5. 利用光线增强美感

在拍摄短视频时，光线的作用不容忽视，恰当的光线布局能显著提升画面的整体质量。特别是在拍摄人像时，运用柔光技巧能够增强画面的美感，同时避免产生明显的暗影和曝光问题。若遇到光线不足或不够清晰的情况，运营者可以主动采取手动打光的方式，将灯光直接打在人物的脸上，或者使用反光板进行调节，以达到更理想的光照效果。

除了基础的照明需求，运营者还可以利用光线进行艺术创作。例如，采用逆光拍摄可以营造出一种缥缈、神秘的艺术氛围，为短视频增添独特的视觉魅力。如图4-27所示，就采用了逆光的拍摄手法，使得整个画面视觉效果非常好。

图 4-27

　　然而，在光线条件不佳的环境中，尤其是在夜晚拍摄时，运营者可能会遇到使用带滤镜的App拍照导致画面模糊的问题。此时，一个有效的解决方案是开启闪光灯进行拍摄。通过闪光灯的补光，可以在光线不足的情况下依然拍摄出清晰、明亮的短视频。

6. 注意曝光和聚焦

　　运营者应当留意，并非所有智能手机都具备曝光和聚焦功能。若手机恰好具备这些功能，那么熟练掌握其设置就显得尤为重要。在用智能手机拍摄的过程中，AE（自动曝光控制装置）的锁定功能尤为关键，它能有效减少曝光问题，特别是在进行环绕拍摄时，锁定AE更是不可或缺。如图4-28所示为手机自带的自动对焦和曝光补偿。

　　至于手动控制对焦，这一功能在由远至近拍摄人物时尤为实用。不过，不同的手机设置焦距的方法各异，因此，具体的设置步骤可以根据手机的型号上网搜索相应的教程或说明。掌握这些技巧后，就能更好地利用手机拍摄出高质量的视频作品了。

图 4-28

7. 正确选择视频拍摄分辨率

在使用其他相机应用拍摄视频时，运营者必须仔细选择文件格式，并确保将分辨率调至最高。特别需要注意的是，将"录像码率"设置为"高"可以显著提升视频画质。这里所说的"码率"其实就是视频的采样率，简而言之，单位时间内采样率越大，意味着所捕捉的视频信息更为丰富和精准，从而使得拍摄出来的视频内容更加接近真实状态。因此，通过合理设置这些参数，运营者可以拍摄出高质量的视频作品。

8. 使用网格功能辅助构图

并非只有专业摄影师才能创作出引人入胜的视频效果，普通用户同样能做到。实际上，那些让人难以忘怀的照片或视频，往往得益于特定的构图技巧，这些技巧能够巧妙地将观众的注意力聚焦于某一场景。其中，三分法构图就是一种非常实用的方法。将其应用到智能手机拍摄中，就是通过手机的网格功能来实现的，如图4-29所示。因此，大家使用这一构图技巧，可以提升视频拍摄的水平和质量。

图 4-29

第 5 章

视频剪辑：轻松掌握视频剪辑的艺术

　　视频创作过程通常分为前期和后期两个阶段。在前期阶段，工作主要围绕原始视频素材和声音素材的获取与准备展开，包括选题、策划和拍摄等关键环节。其中，拍摄是前期工作的核心，决定了视频的基本内容和风格。

　　后期阶段则主要对前期获取的原始视频素材进行精细的挑选、修饰和处理，旨在提升视频的质量和观感。这一阶段的工作包括但不限于调色、添加音效、添加字幕等。最终，经过后期的精心打磨，呈现出优质的视频作品。本章主要介绍如何使用相应的剪辑工具对视频进行剪辑，以及剪辑的一些基本操作等。

5.1 剪辑的基本操作

相较于专业的影视后期处理软件，大部分手机App在功能丰富度和素材多样性上有所限制，通常仅提供基本的滤镜、背景音乐、字幕和特效功能。因此，专业影视后期处理的复杂逻辑并不完全适用于手机短视频剪辑。

然而，剪映作为一款功能强大的视频剪辑与处理工具，为手机用户提供了丰富的编辑选项，使他们能够轻松创作出各种有趣的小视频。本章将重点围绕剪映这款视频剪辑App，向大家展示并讲解手机短视频编辑的各项基本操作。接下来将详细介绍在剪映中如何对素材进行各种操作和调整。

5.1.1 添加：添加素材再编辑

剪映作为一款视频剪辑工具，其界面设计简洁直观，同时功能也在不断完善和丰富。主界面被清晰地划分为"剪辑""剪同款""消息""创作课堂""我的"等几个板块，方便用户快速定位到所需功能。

在进行视频编辑之前，首先需要添加相应的素材。在剪映中添加素材的方法很简单，用户只需在主界面中点击"开始创作"按钮，即可进入素材添加界面，如图5-1所示。

在素材添加界面中，用户可以选择从手机本地相册中导入图片或视频，如图5-2所示，同时，剪映也提供了内置的素材库和云端资源供用户选择。通过切换至内置素材库或剪映云端，用户可以在丰富的素材集中挑选图片、视频或各类创意素材，以满足多样化的创作需求，如图5-3所示。

图 5-1

用户无论选择从本地相册导入图片或视频素材，还是选择使用剪映内置的素材库或云端资源，都可以批量选择多组素材进行一次性导入。

完成素材添加后，软件将自动跳转至视频编辑界面，并将所选素材按照顺序排列在时间轴上，如图5-4所示。如果导入了多个素材，它们会按照拼接的方式呈现在同一图层中，方便用户进行后续的编辑和调整，如图5-5所示。

图 5-2

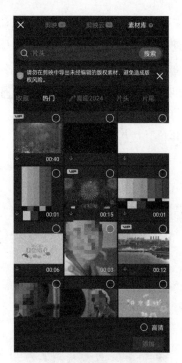

图 5-3

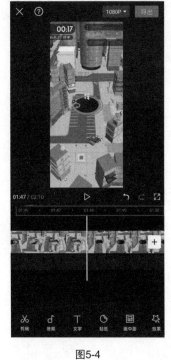

图5-4

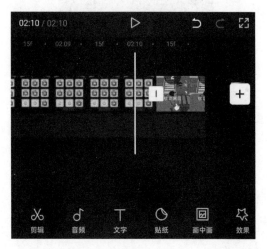

图5-5

如果需要在同一图层中继续添加其他素材，用户只需点击时间轴右侧的+按钮，便可进入素材选择界面，从中挑选并添加所需的素材。

而如果想要将素材添加到不同的图层中，用户可以在视频编辑界面下方的功能列表中选择"画中画"功能回。接着点击"新增画中画"按钮，如图5-6所示，打开一个新的素材添加界面。在这个界面中，用户可以选择想要添加的素材，并将其放置在原图层的上方，形成一个独立的新图层，如图5-7所示。

图 5-6

图 5-7

5.1.2 调整：大小、位置这样调

在剪映中，用户可以通过简单的手势操作来调整素材的画面大小和位置。具体来说，只需直接在画面上用手指拉伸素材，如图5-8所示，即可轻松调整其大小，使其完美地填充整个画面，如图5-9所示。此外，用户还可以通过手指拖动来改变素材的位置，实现快速而精确的定位。这种直观且高效的操作方式，使得视频编辑过程变得更加方便、快捷。

图 5-8

图 5-9

5.1.3 删除：不满意就删除

在编辑视频的过程中，如果发现某个素材效果不符合预期，用户可以选择将其删除。剪映提供了两种便捷的删除方式。第一种是通过点击界面上的撤销按钮，可以撤销上一步操作，从而达到删除素材的目的；另一种方法是在编辑界面的底部直接点击"删除"按钮，这样就能立即将选中的素材从项目中移除，如图5-10所示。

此外，第一种删除方式不仅可用于删除不满意的素材，还能在误删素材时发挥重要作用。在大多数视频编辑软件中，撤销是一项常见且实用的功能，它允许用户恢复上一步的操作，从而有效地挽回误删的素材。

图 5-10

5.2 后期剪辑：提高视频质量

在掌握了素材的基本操作技巧后，下面将深入探讨如何通过后期剪辑来进一步提升视频的质量。通过精心的剪辑，不仅能够使视频内容更加紧凑有趣，还能提升观众的观看体验。

5.2.1 调整视频片段

1. 调节片段长度

在不改变素材片段播放速度的情况下，如果对素材片段的长度不满意，可以通过拖动素材裁剪框的任意一端进行裁剪，从而实现片段长度的调整。在时间轴中选中一段视频素材，如图5-11所示。

图 5-11

向左拖动裁剪框的右端，即可将片段缩短，如图5-12所示；如果觉得片段过短，向右拖动裁剪框右端，则可以将片段向后延长，如图5-13所示。

图 5-12

图 5-13

　　若想要删除视频中的某一片段，可以先将需要删除部分片段的素材视频分割成两段，如图5-14所示，然后选中分割的片段，点击"删除"按钮即可完成删除，如图5-15所示。

图 5-14

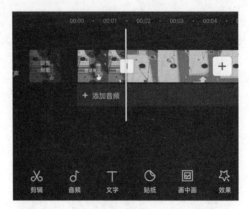

图 5-15

2.调整片段播放速度

　　在制作短视频时，灵活运用变速效果能够为视频增添不少趣味性。当配合快节奏的音乐使用快速镜头时，整个画面将充满动感，令观众不由自主地随着画面和音乐的节奏摇摆。相反，若选择慢速镜头并搭配轻柔的乐曲，视频的节奏则会变得舒缓，为观众带来一种轻松愉悦的感受。

　　在视频编辑软件中，用户可以轻松调整片段的播放速度，以满足不同的创作需求。以剪映为例，打开视频剪辑界面，会看到"变速"按钮，如图5-16所示。点击该按钮，则可以选择变速方式，目前有常规变速和曲线变速两种类型，如图5-17所示。

图 5-16   图 5-17

📷 **提示**：常规变速是指对视频素材进行整体、恒定的速度调整。例如，如果选择常规变速2倍，那么整个视频的速度都会加快一倍。反之，如果选择0.5×，则整个视频的速度都会放慢一半。

曲线变速是一种更加灵活和自然的变速方式。与常规变速不同，曲线变速允许视频素材的播放速度在不同时间点上有所变化，形成一条速度变化的曲线。

在时间轴中选择一段正常速度的视频片段，然后点击"变速"按钮，调整至1.5倍速，视频素材就会从原本的28.5s变为19s，如图5-18所示。

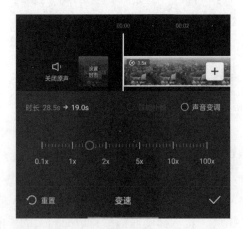

图 5-18

在剪映这样的视频剪辑软件中，曲线变速通常提供多种预设效果，如自定义、蒙太奇和英雄时刻等，用户可以根据需要选择合适的效果，并对其进行进一步的调整和优化，如图5-19所示。同时，剪映还提供了自定义曲线变速功能，用户可以通过手动调整速度曲线来实现更加精确和个性化的变速效果。

图 5-19

5.2.2　添加字幕

在影视作品中，字幕作为语音内容的文字化表达形式，扮演着至关重要的角色。无论是观看电视剧、电影还是浏览短视频频道，都能见到字幕的身影。那么，在短视频中，字幕究竟发挥着怎样的作用呢？观看视频的过程，实质上是被动接受信息的过程。在这个过程中，观众的注意力往往难以长时间集中。因此，字幕的出现显得尤为重要，它不仅能够辅助观众更好地理解视频内容，还能为那些听力稍弱的观众提供便利。本节将详细介绍一些短视频字幕的添加和处理方法，以帮助大家更好地利用字幕提升视频的质量和观看体验。

1. 添加字幕时的注意事项

在视频号平台发布作品时，字幕的添加位置至关重要。需要特别注意避开界面上的特定区域，确保字幕不会遮挡住视频中的关键部分，特别是头部等主体对象，如图5-20所示。对于拍摄人物全身的视频，字幕的添加位置也要格外留意。要避免将字幕放在人物的小腿部位，因为这可能会破坏人物身材的比例，影响整体的视觉效果。相反，可以选择将字幕放置在人物大腿的上部或上半身，这样既不会干扰到主体的展示，又能确保字幕清晰可见。

117

此外，如果视频中的主体对象在画面中占据的比例较大，可以考虑在不完全遮挡对象的前提下，为字幕添加背景，使其更加突出显眼，如图5-21所示。这样既能保证字幕的易读性，又能提升整体视觉效果的层次感。总之，在添加字幕时，需要综合考虑字幕的位置、大小和背景等因素，以确保字幕既能起到辅助说明的作用，又不会干扰到视频的主体内容。

图 5-20

图 5-21

2. 利用剪映添加字幕

运营者可以使用剪映App给自己拍摄的短视频添加合适的文字内容，下面介绍具体方法。

（1）打开一段视频素材，并点击视频底部的"文字"按钮，如图5-22所示。

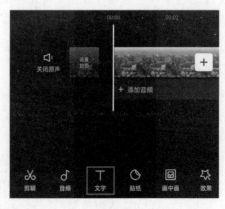

图 5-22

（2）进入文本编辑界面，点击文本框，弹出输入法键盘，如图5-23所示。

（3）在文本框中输入符合短视频主题的文字内容，即可添加文字。在输入框下方也可以调整文字的字体、样式、动画等内容，如图5-24所示。

（4）在预览区中按住文字素材并朝某个方向拖拽，即可调整文字的位置，如图5-25所示。

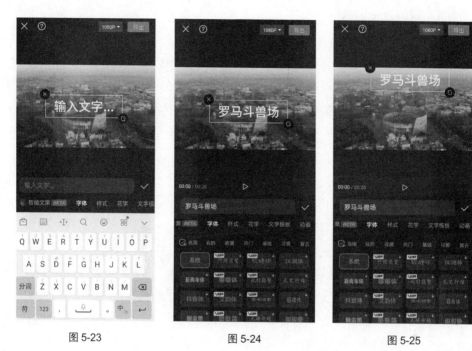

图 5-23　　　　　　　　　　图 5-24　　　　　　　　　　图 5-25

5.2.3　背景音频

一个完整的视频通常由音频和视频两个核心部分构成。音频包括视频的原声、旁白，以及特殊音效和背景音乐。

如今，音频在短视频中扮演着不可或缺的角色。原本平淡无奇的视频素材，一旦配上合适的背景音乐，整个视频便会焕然一新，充满生机。配乐不仅为画面增添了故事性，其蕴含的信息量有时甚至能够挽救一段原本平淡的剪辑。同时，恰到好处的音效在视频的关键节点出现，会成为吸引观众眼球的亮点，进一步放大画面效果，提升观众的观看体验。本节将详细介绍短视频配乐的相关技巧，帮助大家更好地利用音频元素，创作出更加引人入胜的短视频作品。

1. 选择正确的背景音乐

短视频创作完成后，选取合适的背景音乐往往成为创作者的一大难题。音乐的选择相当主观，它需要根据视频的内容主旨和整体节奏来精心挑选，并没有固定的标准或答案。

对短视频创作者而言，选择与视频内容紧密相关的音乐能够极大地增强用户的情感共鸣，提升视频的观看体验，并使用户更深入地融入其中。接下来将介绍一些挑选短视频音乐的实用技巧，帮助创作者更好地完成这一关键环节。

（1）把握视频内容节奏

为了确保视频画面的效果达到最佳，背景音乐与视频节奏的匹配度至关重要。为了更精准地让背景音乐与视频内容相融合，建议在添加背景音乐之前，首先按照拍摄的时间顺序对视频进行粗剪。这样做有助于用户更清晰地把握视频的整体节奏和感觉。随后，根据粗剪后的视频所展现的整体氛围和节奏，可以有针对性地寻找与之相契合的音乐，从而确保音乐与视频内容的高度匹配。

（2）选择符合视频内容的配乐

在创作搞笑类视频时，应避免风格过于抒情的配乐；而情感类视频则不宜选择过于欢快的音乐。配乐的选择对观众的情感体验至关重要，因此必须根据短视频的主题和意图来挑选合适的音乐。

在拍摄短视频时，首先要明确视频的主题和想要传达的情绪，确定整体的情感基调。这样才能更精准地选择适合视频内容、人物、事物及画面的背景音乐。

以常见的短视频类型为例，如美食类、时尚类和旅行类，可以进一步分析各自的配乐技巧。大部分美食类短视频以画面精致、内容治愈为特点，因此通常会选择能够带来幸福感和悠闲感的音乐，使观众在观看时能够感受到享受美食的愉悦和满足感。

时尚类短视频则主要面向年轻受众，因此配乐多选择年轻人喜爱的流行音乐和摇滚音乐，这些音乐充满了时尚气息，能够有效提升短视频的潮流感。

（3）音乐配合情节起伏

在短视频平台经常会看到一些故事情节反转明显的视频，这类视频剧情反转很能勾起观众点赞的欲望。例如，有一个场景，上一秒人物身处空无一人的地下停车场，感觉背后似乎有人跟踪自己，镜头在主人公和身处黑暗的跟踪者之间快速切换，配上悬疑的背景音乐渲染紧张气氛，就在观众觉得主人公快被抓住的时候，悬疑的背景音乐瞬间切换为轻松搞怪的音乐，主人公发现从黑暗中窜出来的只是一只可爱的小狗。

从上述例子可知，音乐是为视频内容服务的，音乐配合视频画面进行了情节的反转，通过反转音乐能快速建立心理预设。在短视频中灵活利用两种音乐的反差，能适时制造期待感和幽默感。

（4）快速有效地寻找背景音乐

如果对背景音乐的选择仍旧毫无头绪，可以通过各种音乐App提供的歌单或者短视频平台乐库的分类，来精准有效地找到想要的音乐类型，如图5-26所示。除此之外，剪映App还自带按照风格分类的音乐，如图5-27所示。

图 5-26

图 5-27

（5）不要让配乐喧宾夺主

背景音乐在短视频中扮演着至关重要的角色，它如同点睛之笔，为整个作品增添魅力。然而，在多数情况下，画面内容才是拍摄者真正想要呈现给观众的焦点。因此，在选择背景音乐时，必须格外谨慎，以免音乐的精彩程度过于突出，反而掩盖了视频内容的精彩之处。

当大家面临选择背景音乐的困境时，轻音乐是一个值得尝试的选择。轻音乐以其广泛的包容性和相对淡雅的情感色彩，对各类视频都展现出极高的兼容性。它能够与视频内容和谐相融，既不会喧宾夺主，又能为整个作品增添一抹优雅的韵味。

2. 添加音乐操作技巧

市场上的多数视频编辑App都具备音频编辑和处理功能，其操作方法大体相似。为了更具体地说明这些操作，本节将以剪映这款具有代表性的视频编辑App

为例，详细展示如何添加音频、实现视音频分离、进行音量调节及分割音频等基本操作，帮助用户更好地理解和掌握音频编辑技巧。

（1）添加音频素材

在已经添加了背景素材的基础上，将时间线拖至想要添加音频素材的时间点。在未选中素材的状态下，点击下方功能列表中的"音频"按钮♪，打开音乐素材库，在其中可选择手机内置的音频素材、剪映推荐的音乐、收藏的音乐及剪映提供的各类特殊音频效果，如图5-28所示。

点击所需要的音频效果后，将跳转至音频编辑界面，可以看到与音频设置相关的功能按钮。背景素材的下方会出现独立的蓝色音频素材图层，如图5-29所示。

图5-28　　　　　　　　　　　　　　　图5-29

（2）音量调整

在时间轴中选择有声视频素材，在功能列表中可以看到"音量"按钮🔊，如图5-30所示。

点击"音量"按钮🔊，可以通过左右拖动音量滑块调整素材音量的大小，如图5-31所示。

图 5-30

图 5-31

（3）分割音频

在选中音频素材的状态下，将时间线拖动至需要进行分割的位置，然后在功能列表中点击"分割"按钮￼，即可将音频素材在当前位置进行分割，如图5-32和图5-33所示。需要注意的是，当时间线位于素材开始或结尾位置时，该功能按钮不可用。

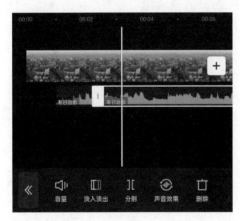

图 5-32

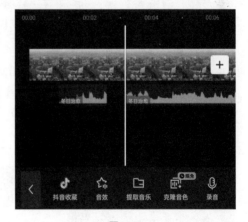

图 5-33

（4）配音的淡入淡出

针对那些没有前奏和尾声的音乐，用户可以选择在它们的前后添加淡化效果，这样做能够有效地避免音乐在进出时产生的突兀感。同样地，当两个音频需要衔接时，通过加入淡化效果，可以使音频之间的过渡更为自然流畅。

具体操作时，只需在时间轴中选择需要处理的音频素材，然后在功能列表中点击"淡入淡出"按钮￼，如图5-34所示。点击后，淡化功能列表便会展开，其中包含"淡入时长"和"淡出时长"两个选项，如图5-35所示。通过简单地拖动滑块，可以轻松地调整淡化的时长，从而达到理想的音频过渡效果。

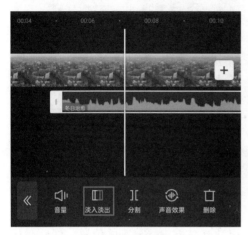 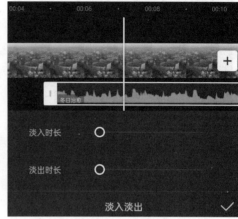

图5-34   图5-35

（5）配音的声音效果

剪映App支持众多音频声音效果，其中包括音色、场景音及声音成曲等。这些丰富的声音效果功能，使得用户能够将配音灵活地转化为各种独特的音色、场景音乐及音频风格，从而极大地丰富了视频创作的音频表现力和艺术感。

具体操作时，只需在时间轴中选择需要处理的音频素材，然后在功能列表中点击"声音效果"按钮 ，如图5-36所示。点击后，便会展开声音效果功能列表，其中包含"音色""场景音""声音成曲"3个选项，如图5-37所示。通过简单地点击所需要的声音效果，就可以轻松调整声音的变化，从而达到丰富音频表现力的效果。

图5-36   图5-37

（6）录制旁白

添加背景素材后，将时间线拖动到想要添加素材的时间点，然后在功能列表中点击"录音"按钮，即可进入音频界面，如图5-38所示。

在音频界面长按录音按钮 🎙️，即可开始录制旁白。录制完成后，松开录音按钮，并点击 ✓ 按钮即可停止录制，背景素材的下方就会生成独立的旁白素材图层，如图5-39所示。

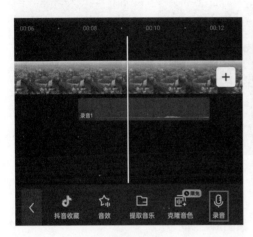

图 5-38

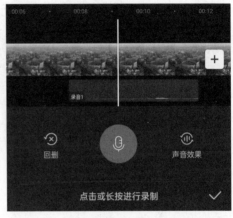

图 5-39

在录制视频旁白时，务必要注意确保周围环境的安静，避免产生回音。这是因为在录制过程中，如果口型与旁白内容不匹配，或者环境中存在噪声干扰，都可能导致音效显得不自然。因此，为了保障录制出的声音既清晰又洪亮，需要创造一个良好的录音环境，从而呈现出最佳的旁白效果。

5.3　特效：为视频增添看点

通过为单调的视频添加各式各样的动态效果，或者巧妙地构思并添加一些新奇独特的特效背景，可以使原本平淡无奇的视频变得更具吸引力，更能抓住观众的眼球。在短视频平台上，虽然视频种类繁多，但仔细观察不难发现，特效视频在其中占据了相当大的比例，并且这类视频往往更受观众的喜爱和追捧。接下来将详细介绍如何运用各类特效来为视频增添色彩，使其更具创意和观赏性。

5.3.1　双重曝光：创意视频特效

经常刷短视频的人可能刷到一些双重曝光的图像，画面十分炫酷，且文艺气息强烈。双重曝光图像的原理是在一张图像上连续曝光两次，以获得画面叠加的效果。接下来具体介绍制作双重曝光特效视频的具体操作方法。

（1）打开剪映，在主界面点击素材添加按钮，将准备好的视频素材导入剪映，如图5-40所示。

（2）将时间线拖动到视频的起始位置，在未选中素材的状态下，在下方功能列表中点击"画中画"按钮，然后点击"新增画中画"按钮，如图5-41所示。

图 5-40　　　　　　　　图 5-41

（3）进入素材添加界面，找到相册中的视频素材，将其导入剪映，如图5-42所示。

（4）在选中素材的状态下，双指拉伸将其放大，使该素材铺满整个画面，如图5-43所示。

图 5-42　　　　　　　　图 5-43

（5）调整完成后，继续选择银河视频素材，在下方功能列表中点击"混合模式"按钮，如图5-44所示。

（6）显示混合模式列表，在其中选择"叠加"混合模式，如图5-45所示。

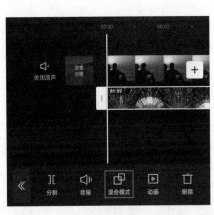

图 5-44

图 5-45

（7）预览视频素材时会发现，上一步添加的画中画素材尾端有一部分超出了背景素材。将时间线拖动到背景素材尾端，选择画中画素材，在下方功能列表中点击"分割"按钮，如图5-46所示。

（8）将素材分割完成后，选择多余的素材，在下方功能列表中点击"删除"按钮，如图5-47所示，将其删除。

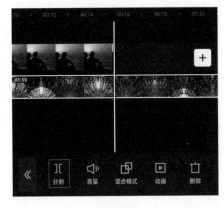

图 5-46

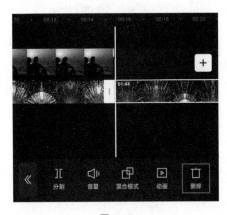

图 5-47

（9）选择背景素材，在下方功能列表中点击"调节"按钮，然后调整"亮度"，如图5-48所示。

（10）可以在音乐素材库中选择一款合适的背景音效或音乐加入素材中。完成编辑后，点击"导出"按钮，将编辑好的视频素材导出至本地相册。最终视频效果如图5-49所示。

图 5-48

图 5-49

5.3.2 为视频抠像增加创意

"抠像"这个术语起源于早期的电影制作技术，其核心操作是选取画面中的某一特定颜色，将其视为透明色，进而从整个画面中移除，从而使得背景能够透过这一透明区域显现出来。这种处理方式能够实现二层画面的叠加与合成。接下来以剪映App为例讲解利用"色度抠图"功能打造创意转场视频的具体步骤。

（1）打开剪映，在主界面中点击素材添加按钮，将相册中的素材视频导入剪映，进入视频编辑界面，预览视频效果，如图5-50所示。

（2）将时间线拖动至视频起始位置，点击"画中画"按钮，将相册中的视频素材导入剪映，如图5-51所示。

图 5-50

图 5-51

（3）在选中画中画视频素材的状态下，双指收缩将视频素材调整至合适的位置，如图5-52所示。

（4）调整完成后，点击下方功能列表中的"抠像"|"色度抠图"按钮，如图5-53所示。

图 5-52

图 5-53

（5）打开"色度抠图"功能列表，在画面中拖动取色器圆环，同时调整"强度"为46，使画面呈图5-54所示的效果。

（6）然后点击"阴影"按钮并拖动滑块，将视频素材中的阴影部分也显示出来，如图5-55所示。

图 5-54　　　　　　　　　　　　　　　　图 5-55

（7）完成视频的编辑后，点击"导出"按钮，将编辑好的视频导出至本地相册，以便进行分享和观看。视频过渡效果如图5-56所示。

图 5-56

5.3.3　运用转场丰富画面

转场作为视频编辑中连接相邻素材片段的关键环节，发挥着旧视频结尾与新视频开始之间过渡的重要作用。它巧妙地实现了镜头之间的切换，不仅标志着一段视频的结束和另一段视频的开始，而且通过合理的运用，还能够实现场景或情节间的平滑过渡。一个恰当的转场不仅能丰富画面的视觉效果，更能吸引观众的注意力，提升整体的观看体验。下面介绍几种利用剪映App添加转场的方法。

1. 放大模糊转场

放大模糊转场是指在第一段素材结尾和第二段视频开头处添加关键帧，并将关键帧内的视频图像素材放大，然后增添模糊特效，从而制作出放大模糊转场效果。下面介绍详细的制作步骤。

（1）打开剪映，在主界面中点击素材添加按钮，将视频素材导入剪映，进入编辑界面，然后再添加第二段视频素材，如图5-57所示。

（2）拖动时间线至两段视频素材的连接处，然后双指拉伸时间线，点击关键帧按钮，在第一段素材的最后一帧，添加两个关键帧，如图5-58所示。

图5-57

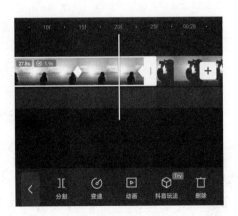

图5-58

（3）然后在第二个关键帧处放大视频素材画面，以达到放大转场的效果，如图5-59所示。

（4）接着在第二段视频素材开头5帧处，添加两个关键帧并在第一个关键帧处放大视频素材画面，如图5-60所示。

图 5-59

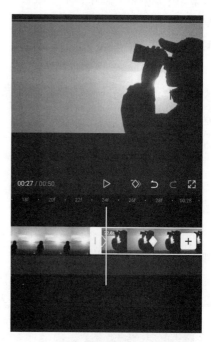

图 5-60

（5）点击界面下方功能列表中的"效果"|"画面特效"按钮，如图5-61所示，并在基础页面中找到"模糊"特效，如图5-62所示。

图 5-61

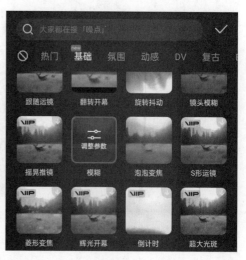

图 5-62

（6）然后将"模糊"特效放置在两段视频素材的连接处，这样就实现了模糊放大转场的效果，如图5-63所示。

（7）完成视频编辑后，点击"导出"按钮，将编辑好的视频导出至本地相册，以便进行分享和观看。视频过渡效果如图5-64所示。

图 5-63

图 5-64

2. 旋转转场

在短视频特效中，旋转转场是一种特殊的过渡效果，它应用于相邻素材片段之间，作为连接旧视频结尾和新视频开始之间的桥梁。这种转场效果通过旋转动作实现镜头的切换，标志着一段视频的结束和另一段视频的开始。旋转转场可以创造出动态且吸引人的视觉效果，使场景或情节之间的过渡更加平滑自然。下面介绍利用剪映App进行旋转转场的具体步骤。

（1）接上一例放大模糊转场第四步，然后将第一段视频素材末端的关键帧进行旋转，并将第二段素材开头的关键帧向相反的方向旋转，如图5-65所示。

（2）然后就能实现旋转转场了，点击"导出"按钮，将编辑好的视频导出至本地相册，以便进行分享和观看。视频过渡效果如图5-66所示。

图 5-65

图 5-66

3. 蒙版转场

在短视频特效中，蒙版转场是一种常用的视频编辑技术，它利用蒙版或遮罩图层来控制两个视频片段之间的过渡效果，实现从一个场景到另一个场景的平滑过渡。下面介绍利用剪映App进行蒙版转场的具体步骤。

（1）打开剪映，在主界面中点击素材添加按钮，将视频素材导入剪映，进入编辑界面，即可看到预览效果，如图5-67所示。

（2）将时间线拖动至第一段视频素材末端，点击"画中画"|"新建画中画"按钮，添加第二段视频素材，如图5-68所示。

图 5-67

图 5-68

（3）将时间线拖动到第二段素材的开头，并点击关键帧按钮，添加一个关键帧，如图5-69所示。

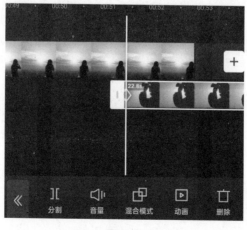

图 5-69

135

（4）然后在功能列表中单击"蒙版"｜"线性"按钮，如图5-70所示，并逆时针旋转画面40°，如图5-71所示。

图 5-70

图 5-71

（5）拖动"线性"蒙版中的双箭头，将两段视频素材连接处羽化，如图5-72所示。

图 5-72

（6）分别将"线性"蒙版的线拖动至左上角和右下角，即可完成蒙版转场了，如图5-73所示。

图 5-73

（7）点击"导出"按钮，将编辑好的视频导出至本地相册，以便进行分享和观看。视频过渡效果如图5-74所示。

图 5-74

4. 无缝衔接转场

无缝衔接转场是短视频制作的一种技巧，它指的是将不同场景的视频进行平滑过渡，使得整个视频看起来像一个完整且连续的作品，没有任何断层感。这种转场技巧不仅可以制造出视觉上的美感，还可以增强用户体验感，提高观看时长。下面介绍具体的操作流程。

（1）打开剪映，在主界面中点击素材添加按钮，将视频素材导入剪映，进入编辑界面，预览视频效果，如图5-75所示。

（2）将时间线拖动至需要转场的位置，点击"画中画"｜"新建画中画"按钮，导入第二段视频素材，如图5-76所示。

（3）用双指将第二段视频素材拉伸至合适的大小，如图5-77所示。

（4）在第一段视频素材的结尾添加一个关键帧，然后在第二段视频的开头添加一个关键帧，如图5-78所示。

图 5-75　　　　　　　图 5-76

图 5-77　　　　　　　图 5-78

（5）在下方的工具栏中点击"不透明度"按钮，如图5-79所示，将其调整为0，点击右下角的确认按钮，如图5-80所示。

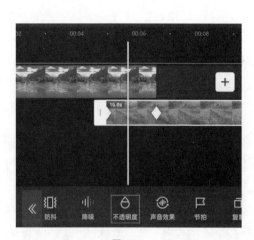

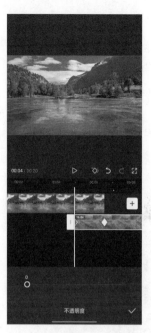

图 5-79　　　　　　　　　　　　　　　　图 5-80

（6）在视频素材中添加字幕素材，如图5-81所示，点击"导出"按钮，将编辑好的视频导出至本地相册，以便进行分享和观看。最终视频效果如图5-82所示。

图 5-81　　　　　　　　　　　　　　　　图 5-82

5. 抠图转场

在短视频中，抠图转场是一种特殊的视频编辑技术。它涉及从原始视频中精确地抠出人像或其他元素，并将其融入另一个视频场景中，以实现转场效果。下面介绍详细的操作流程。

（1）打开剪映，在主界面中点击素材添加按钮，将视频素材导入剪映，进入编辑界面，预览视频效果，如图5-83所示。

（2）将时间线拖动至第一段视频的后两秒处，点击"画中画"|"新建画中画"按钮，导入第二段人物视频素材，如图5-84所示。

（3）用双指将第二段视频素材拉伸至合适的大小，如图5-85所示。

图 5-83   图 5-84   图 5-85

（4）将时间线拖动至第二段视频素材的开头，点击"定格"按钮，做一个定格特效，如图5-86所示。

（5）将分离出来的定格素材选中，拖动白色的分离板将素材缩至0.8秒，如图5-87所示。

（6）然后长按剩余的第二段视频素材，将其拖动至定格素材的后方，如图5-88所示。

（7）选中定格素材，点击工具栏中的"抠图"|"智能抠像"按钮，进行智能抠像，如图5-89所示。

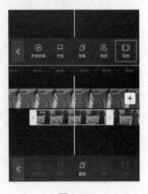

图 5-86

图 5-87

图 5-88

（8）然后点击"动画"|"入场动画"|"向上滚动"按钮，为定格素材制作特效，如图5-90所示。

图 5-89

图 5-90

141

（9）点击"导出"按钮，将编辑好的视频导出至本地相册，以便进行分享和观看。抠图转场最终效果如图5-91所示。

图 5-91

第6章

运营：快速涨粉小技巧

经过对前面章节的深入学习，相信大家对视频号已有了较为全面的认识，并且也掌握了一些拍摄视频的基本技巧。然而，要想真正做好视频号，除了掌握这些基础内容知识，运营策略才是最关键的一环。因此，本章将重点向大家介绍视频号的运营方法，帮助大家有效提升视频号的播放量，实现翻倍增长的目标。

6.1 视频号运营速成技巧

为了有效运营视频号，实现播放量和粉丝数的稳步增长，用户运营环节至关重要。运营的核心在于实施精细化的用户管理，其关键在于积极与用户互动，深入了解他们的需求和喜好。本章将重点探讨运营视频号的几个小技巧和常用工具等，以实现用户运营视频号的目标。

6.1.1 运营视频号的8个小技巧

要想在视频号运营领域脱颖而出，成为真正的运营高手，以下8点必须高度重视。

1. 调查研究法

调查研究法是一种系统性的方法，旨在通过精心规划和逐步实施的方式，深入考察研究对象，以揭示事物的本质和内在的规律。在这里，主要运用此方法来探究那些运营出色的视频号，了解它们成功的秘诀。同时，也将研究那些成功实现变现的视频号，探寻它们的变现途径。最终目标是借鉴这些成功案例，提升自身的视频号运营水平。

2. 观察分析法

观察分析法是一种通过仔细审视其他用户的视频号，深入分析他们的运营策略、内容选择及发布频率的方法。与调查研究法相比，观察分析法更注重表面现象的分析，而调查研究法则致力于揭示事物的本质，从根本上借鉴他人的经验。因此，观察分析法更适合个人用户进行快速学习和借鉴，而调查研究法则更适合企业或组织进行深入研究和应用。

在应用观察分析法时，可以从以下3个方面着手：首先，观察个人简介与视频内容之间的关联性，研究视频内容与形式的特点，以了解创作者的风格和定位；其次，深入观察视频内容的定位、策划和表达方式，包括引导话术的运用，以揭示其背后的创作思路和技巧；最后，观察话题与公众号文章链接的结合方式，寻找其中的规律和趋势，从而进行自我总结和提炼。通过对这3个方面的观察分析，读者可以更好地理解和应用其他成功视频号的运营经验，提升自己的创作和运营水平。

3. 比较研究法

为了区分不同事物并明确它们之间的差异性，首先需要进行比较，只有通过比较，才能进行鉴别。在运营视频号的过程中，这种比较的方法同样适用。应当学会对比那些运营得好的和不好的同类视频号，尤其是那些点赞数超过1万的视频号，更应该引起关注。如图6-1所示，这位运营者巧妙地给萌宠"安装"了一对可爱的门牙，并为其穿上了精致的衣服，通过充分发挥萌宠的独特特性，使得整个画面呈现出新颖、滑稽且充满喜感的氛围。这样的创意和设计成功地吸引了用户的注意，并赢得了他们的喜爱和欢心。

如图6-2所示，这是由同一位作者发布的另一条视频，然而其反响并不显著。原因在于，这条视频并未充分利用萌宠的独特特性，内容也缺乏足够的新颖性，因此未能吸引用户驻足观看。

图 6-1　　　　　　　　　　　　　　　　　　　　　　　　图 6-2

通过深入分析这些成功的案例，可以提炼和总结出一套有效的运营方法，从而提升自己的视频号运营水平。

4. 实验法

经过深入调研、细致分析和多方比较，能够获取众多值得学习和借鉴的运营方法。然而，如何将这些方法有效地付诸实践呢？关键在于结合自身定位，从众多方法中筛选出最适合自己的策略，进而进行内容创作和输出。为了确保所选方法的准确性和有效性，在大规模应用之前，还需要通过实验法进行验证。例如，当运营者A遇到运营出色的视频号时，A会详细记录其运营策略，然后结合自己的风格特点进行短视频录制。从短视频上线开始，A会密切关注粉丝增长和内容传播情况。若相较于之前确实有显著增长，则说明该方法适合A，A将继续沿用；反之，则果断放弃，转而尝试下一种方法。通过这种方法，A能够不断调整和优化自己的运营策略，以实现更好的视频号运营效果。

5. 分类方法

分类是一种基于对象特性的组织方法，通过它将关注的对象划分为不同的类别，进而根据这些类别有针对性地吸收各自的优点。在运营视频号过程中，创作者可以根据不同的维度进行分类，如内容、表现形式或拍摄技巧等。当按照内容分类时，主要聚焦于视频的主题和内涵；若按表现形式分类，则关注视频的展现方式和视觉效果；当按拍摄技巧分类时，则重点分析视频的拍摄手法和技巧。

在实际操作时，应根据自身的定位和需求，选择性地关注与自身相关的视频号运营案例，并依据不同的分类方法进行总结。需要注意的是，不同的分类方式会得出不同的分类结果。例如，职场类和情感类的视频号在内容方面可能存在显著差异，但在表现形式上可能又存在相似之处。因此，在对视频号进行分类时，需要保持灵活性，根据实际情况进行灵活处理。如图6-3所示是一个情感博主和一个职场类博主，同样都是采用对镜头叙述的表现形式，但内容却存在着明显差异。

图 6-3

6. 统计方法

在运营视频号的过程中，应当积极运用数据统计方法，将原先感性的观察转化为更为科学、精确的定量观察。这样，能够更深入地剖析视频号背后的运营本质，揭示其成功的秘诀和潜在的不足。身处大数据时代，必须具备合理使用数据的意识，因为数据是洞察运营真相、优化运营策略的重要工具。只有充分利用数据，才能做出更明智的决策，推动视频号的持续发展和成长。

7. 移植方法

移植方法是一种有效的学习策略，它指的是将某一特定概念或某一领域的成功技巧和方法，创造性地应用于其他不同领域。例如，可以从抖音、快手、B站等热门视频平台中挑选那些值得学习和借鉴的优秀视频作品，进行深入的分析和总结，然后将这些成功的元素和策略巧妙地移植到视频号运营中。

重要的是，需要摆脱仅仅局限于视频号或短视频这一狭窄领域的思维束缚，扩大视野和范围。只有这样，移植方法的应用才能发挥出更大的价值和意义。通过广泛学习和借鉴不同领域的成功经验，可以为视频号注入更多的创新和活力，提升其在激烈竞争中的竞争力。

8. 自我提升方法

自我提升的关键在于不断学习、观察和实践，从而形成自己独特的运营思路和方法论。下面介绍几种有效的提升途径。

（1）积极参与社群或圈子，特别是那些专注视频号运营的付费社群。在这样的社群中，你可以与同行交流学习，分享经验，不断拓宽自己的视野和知识面。通过与其他运营者互动，你可以获得宝贵的建议和指导，进而提升自己的运营水平。

（2）多读关于视频号运营的文章，深入了解行业动态和趋势。在阅读过程中，保持积极思考，探索更好的运营方法。通过阅读，你可以了解其他成功运营者的经验和案例，从中汲取灵感，形成自己的运营策略。

（3）密切关注官方的动态和信息。保持对官方信息的敏锐度，可以帮助你及时把握行业变化和市场机会。在获取信息的同时，要学会深入思考，看透信息背后的逻辑和机会。通过不断分析和总结，你可以发现一些新的方法和技巧，从而优化自己的运营策略。

6.1.2 运营视频号的常用工具

运营视频号务必要熟练掌握各种常用工具，以便更高效地开展运营工作。

这些工具不仅有助于提升运营效率，还能为运营者提供宝贵的数据支持和策略指导。

1. 微信指数公众号

微信指数公众号是一个以关键词为线索的基础数据工具平台，基于大数据帮助用户了解微信生态内关键词的热度。通过微信指数，用户可以了解当日、7日、30日内的关键词动态指数变化情况，如图6-4所示，查看某个词语在一段时间内的热度和最小指数动态，运营者可以根据热门关键词制作适合自己的内容。

2. 视频号官方账号

视频号官方账号，如微信创作者、微信派、微信时刻等，都是视频号运营者们获取宝贵信息的重要渠道。这些官方账号定期发布关于视频号运营的官方小技巧，内容丰富且实用，对新手来说非常友好，如图6-5所示。通过关注这些官方账号，运营者可以及时了解官方动态，学习运营技巧，从而更快地掌握视频号运营的核心要点，提升自己的运营水平。

图 6-4

图 6-5

3. 腾讯客服公众号

腾讯客服公众号是一个高效的问题解答平台，它能够迅速回应视频号运营者在运营过程中遇到的各类问题，为运营者提供及时有效的帮助，如图6-6所示。

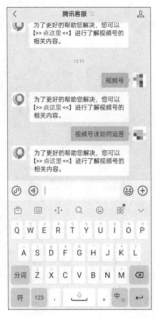

图 6-6

6.1.3 关于视频号内容结构的6大模型

关于视频号的内容结构，目前常用的有以下几种形式，现在分享给大家，以便在实际运营中参考和借鉴。

（1）三段式结构：一种常见的形式，通常包括论点、论据和论证3个部分，也可以理解为提出问题、分析问题和解决问题。这种结构的优点在于逻辑清晰，层次分明，能够很好地引导观众理解和接受内容。如图6-7所示，视频中首先抛出问题"如何自拍氛围感美照？"然后分析具体问题出在哪，最后解决问题。

（2）多层式结构：一种逐步深入的内容展现方式，类似于剥洋葱的过程。在视频号中，常见的多层式结构是围绕一个观点展开的，通过一系列的视频内容或者多集形式来详细阐述。这种结构的优点在于能够深入挖掘话题，展现更丰富的内容。多层式结构通常用于电影解说，或者制作过程较长的视频内容。如图6-8所示，该视频号以泡发雪蛤油为主题，围绕其功效、泡发过程及制作方法展开详细介绍。为了激发用户的好奇心并引发他们点击主页观看后续内容的冲动，视频特意被分为上下两期。这样的设计不仅增加了内容的层次感和吸引力，还为用户提供了持续关注和探索的动力。

图 6-7

图 6-8

（3）波浪式结构：注重剧情的起伏和变化，包括疑问、辩论、迂回、悬念等多种类型。这种结构能够吸引观众的注意力，激发他们的好奇心，使内容更具吸引力。

（4）箭靶式结构：以反驳他人观点为主题，通过梳理各种论据来形成自己的观点。这些论据就像一支支利箭，指向反面观点的箭靶，展现出强烈的针对性和说服力。

（5）罗列式结构：视频号中非常常见的一种形式，它通过提出问题并罗列出多种解决办法来呈现内容，如图6-9所示。这种结构简洁明了，便于观众理解和记忆。

图 6-9

（6）引经据典式：引用一些热点话题或者名言来表达自己的观点。这种方法可以借助权威观点来加强自己的论点，增强说服力，证明自己观点的正确性。

6.2 运营：懂得利用私域流量

对所有从事商业活动的人来说，用户无疑是最为关键的因素。一旦拥有了数以万计的忠实用户，无论开展何种业务，都更有可能取得显著的成功。正因如此，不论是大型企业还是个人创业者，无论身处传统行业还是新媒体领域，都应当积极构建属于自己的私域流量池。私域流量的积累，意味着更稳定的用户基础和更高效的转化可能，从而助力商业活动的顺利开展和长期发展。

6.2.1　为何要做私域流量

相信大家对私域流量或多或少都有一定的了解，但为什么要做私域流量呢？这里总结了以下几点。

1. 投入成本较低

不难发现，随着社会的不断发展，流量的价格正在逐年攀升，众多品牌产品在追求新增流量方面投入了大量心思与资源。然而，当企业或个人拥有属于自己的私域流量时，情况便大不相同。一旦有产品、活动等需要宣传推广，私域流量便成了一个极为有效且成本较低的渠道。私域流量的优势不仅在于其成本低，能够有效降低推广费用，更在于其推广效果远胜于其他方式。因此，构建并运营好私域流量池，对品牌的长远发展具有极其重要的意义。

2. 用户转化率高

私域客户通常具备明确的需求，他们是对某个产品或品牌持有深厚喜爱和信任度的粉丝。这些客户通过各种途径，如添加企业成员的微信或企业微信，与企业建立起直接的联系。由于他们对产品有着较为深入的了解和信任感，因此在转化这些用户时，相较于新用户，效果往往更为显著。

然而，随着互联网的迅猛发展，公域流量的价格不断攀升，甚至到了离谱的地步。在某些平台上投放广告，每次用户点击都需要投入资金，流量越多，投入也相应增加，这使得成本难以控制。更令人遗憾的是，许多用户在进行咨询后便消失无踪，这无疑增加了转化的难度。因此，私域流量的重要性愈发凸显，它为企业提供了一个低成本、高效率的用户转化途径。

所以，大家要做的就是把这些流量变成只属于自己的私域流量，也就是"真正的粉丝"，可以通过线上线下活动或询盘回复等方式，让用户添加员工的微信或企业微信，这些用户便是你的终身用户，可以无限次低成本甚至免费转化。

3. 维系客户更为便捷

一旦将各平台获取的流量成功转化为私域用户，便可以确认这些用户具有明确的需求，并且高度符合企业或商家的目标受众。接下来需要持续对这些用户进行接触，通过分享企业背景、产品介绍、成功案例等信息，加深了解和信任。同时，还可以不定期地举办各类活动，进一步激活用户的参与度和黏性。这样，不仅能够有效提升用户的转化率和满意度，还能为企业或商家带来可观的业务增长和口碑效应。

6.2.2　私域、公域有何区别

私域流量是与公域流量相对的一个概念。其中，"私"指的是个人化、私有化，强调的是属于自己、专属于个体的属性，与公域流量的"公"即公共、共有的特性形成鲜明对比。而"域"则代表范围，指的是这个流量的具体覆盖区域或界限。至于"流量"，它通常指的是具体的数量，如人流数量、车流数量或者用户访问量等。在这两点上，私域流量和公域流量是共通的，它们都是用来衡量某一区域内用户的访问数量或活跃度的。

（1）公域流量

公域流量的渠道非常多，包括各种门户网站、超级App和新媒体平台，下面列举了一些公域流量的代表平台，如图6-10所示。

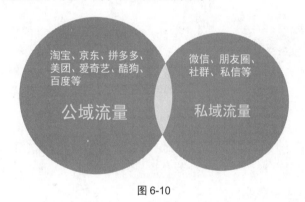

图 6-10

要在公域流量平台中获得流量，就必须熟悉这些平台的运营规则和特点。公域流量的特点如图6-11所示。

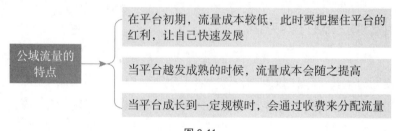

图 6-11

对企业而言，那些公域流量平台最终都需要通过付费来获取流量，这意味着企业所赚取的每一分钱都需要与平台分享一部分。而那些与企业有过交易记录的老客户，这样的费用投入显然显得不太划算。当然，这些平台对用户数据的保护做得相当到位，因为用户数据是它们的核心资产。因此，企业想要直接获取流量资源变得非常困难。正因为如此，许多企业都在积极寻求将公域流量转化为私域流量的途径，以便更好地管理和利用这些宝贵的客户资源。

（2）私域流量

对于私域流量，目前还没有统一的具体定义，但是私域流量有一些共同的特点，如图6-12所示。

以微博为例，当微博内容成功登上热门头条，被所有微博用户浏览和关注时，这种流量便属于公域流量；反之，通过个人的动态页面发布微博，仅让自己的粉丝看到并与之互动，这种流量则属于私域流量。简而言之，公域流量意味着内容面向广大用户群体，而私域流量则更专注于与粉丝之间的深度互动。

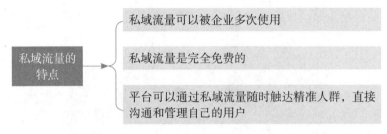

图 6-12

据悉，微博平均日活跃用户数超过两亿。运营者可以通过微博来积累和经营自己的粉丝流量，摆脱平台的推荐和流量分配机制，从而更好地经营自己的资产，实现个人价值和商业价值。

对公域流量来说，私域流量是一种弥补其缺陷的重要方式，很多平台还处于红利期，可以帮助企业和自媒体人弥补短板。

6.3　视频号运营误区

视频号的运营工作比较复杂，运营者不仅要懂内容，还要懂渠道，能进行互动，但是内容团队往往没有足够的资金来配备运营团队，所以导致内容创作者会涉及很多运营方面的工作内容，一不小心就会陷入误区，抓不住工作重点，下面就给大家介绍一下常见的视频号运营误区。

6.3.1　运营视频号的5大误区

在运营视频号过程中经常会遇到以下问题。

1. 盲目追求粉丝数量

很多运营者在开始运营的时候迫切追求上热门和浏览量，其实这并不一定是好事。这是因为粉丝数量虽然在一定程度上能够反映账号的受欢迎程度，但并非衡量运营效果的唯一指标。在这里提醒大家，做视频号不要急功近利，首要的是清楚你的视频是给谁看的，这一点很关键。

很多视频号运营者一开始就希望粉丝破万，其实这是需要沉淀和积累的，大家一定要明白，微信或者社群本来就是有用户圈层的，大家要做的就是深耕自己的赛道，提高自身的价值。

2. 急于变现

视频号变现的关键在于持续的积累和沉淀。许多运营者在看到其他视频号成功变现后，往往会心急，渴望迅速获得收益。注意，一定不能过于急躁。实际上，并非视频号无法变现，而是时机尚未成熟。在视频号运营的早期阶段，务必保持冷静和耐心，专注于内容的创作和推广工作。只有做好这些基础工作，才能够逐步建立起稳定的用户群体和品牌形象，为日后的变现奠定坚实的基础。否则，急于求成只会离变现的目标越来越远。

3. 迟迟不进入内容的高潮

用户的时间是非常宝贵的，尽管短视频的时长相对较短，但如果无法迅速进入内容的高潮部分，同样难以激发用户继续观看的欲望。再精彩的内容，如果无法被用户看到和欣赏，其意义也将大打折扣。因此，视频号运营者需要运用一些巧妙的策略，确保短视频在开头就能迅速吸引用户的注意力，引导他们进入内容的核心部分。

为了实现这一目标，运营者可以在视频的开头就明确介绍视频的目的和主题，或者制造一个小高潮，以此快速点燃用户的兴趣。此外，为了进一步保持用户的观看兴趣，还可以在视频中设置悬念，并通过精心的语言设计和情节推进，不断加深这一悬念，激发用户的好奇心，使他们始终保持观看的欲望。这样，不仅能确保用户愿意继续观看下去，还能提升视频的整体质量和用户体验。

4. 不和用户进行互动

有些运营者看到用户的评论跟没看到一样，甚至不愿意逐条回复评论，这样就会让用户流失。不和用户互动主要有4个表现。

（1）只发不看：有些视频号运营者只会发布视频，不会运营，这样其实还不如不发。这里提醒大家，发布完视频要学会做好三件事，一是发给好友，二是发朋友圈，三是转发社群，让大家提意见。这三件事很重要，能很好地提升视频号的推荐权重。另外，大家还要多看一些做得好的视频号，去总结和分析，最好用一个表格将这些视频号的特点罗列出来。

（2）只看不发：有些人只喜欢看别人的视频号，自己从来都不发，更有甚者每天混迹于视频号的运营群里，渴望寻求视频号的爆款秘籍，却从来不亲自制作一条视频。如果不去制作视频，结果就是"永远学不会"。

（3）不会主动引导：在运营视频号时，要重视与粉丝的互动，保持自己账号风格的统一，要多维度给予用户一些"刺激"。如图6-13所示，该博主就在视频结尾处加入了引导语"还想看我修什么 评论区留言"这样的话，引导用户进行评论，关注后续视频。总之，视频号运营者要多与用户进行互动，展现自己和账号的优势，吸引用户持续关注自己的内容。

图 6-13

（4）评论区不和用户互动：在短视频的评论交流区中，通过评论可以增加用户对产品的了解，增强用户对产品的信任，以更好地吸引大众购买产品，达到良好的营销效果。若是不和用户互动，那么视频号的价值将至少减少一半。

对视频号运营者来说，在发布作品后，如果由用户对作品进行评论，可以对优质评论点赞，这样粉丝的评论就会被列入前排，如图6-14所示。对粉丝的评论进行点赞也是一种与粉丝互动的好方法。

除了点赞，更好的方法是回复粉丝的评论，这种互动方式黏性更高，评论区也会更丰富，如图6-15所示。

图 6-14

图 6-15

5. 盲目蹭热门

许多人对热门话题抱有极大的热情，甚至期待通过一次热门就能实现粉丝数量的突飞猛进。尽管蹭热门话题确实是一条迅速吸引粉丝的捷径，但关键在于，并非每次热门话题都与你的账号定位相契合。如果热门话题与你的账号定位毫无关联，那么盲目追求热门话题将毫无意义。

若你希望有效利用热门话题来增加粉丝，那么必须拥有发散性思维。这意味着你需要深入思考以下问题：当前的热门话题与你的账号定位有何关联？在这些热门话题中，有哪些内容可以与你的账号内容相匹配？结合热门话题后，能否引发观众进一步思考和讨论？只有当你明确这些问题，并找到了合适的切入点以后，蹭热门话题才能真正发挥其作用，为你的账号带来正面的影响。

6.3.2 视频号内容运营误区

在数字化浪潮的推动下，视频号内容运营已经成为企业、品牌乃至个人扩大影响力、提升用户黏性的重要手段。然而，随着市场竞争的日益激烈，许多运营者陷入了内容创作的误区，不仅未能达到预期效果，反而影响了品牌声誉和用户体验。本节将深入探讨视频号内容运营的常见误区，帮助运营者走出困境，实现内容的高效传播与用户的深度互动。

1. 内容质量差

短视频广告的内容应当有所节制，以确保其质量和观众的接受度。然而，当前一些短视频平台在广告营销方面过于倚重高话题性、高关注度和具有影响力的公众人物，这种短视频运营策略忽视了平台的长远发展。这种倾向导致了优质原创短视频内容的稀缺，对平台的可持续发展构成了威胁。

同时，短视频平台巨大的用户基数和其以用户生成内容（UGC）为主的生产模式，使得平台上发布的短视频数量庞大。这给平台方在内容审核方面带来了巨大的挑战，确保内容的合规性和质量变得尤为困难。

一些广告主在追求广告效果的过程中，过于直接和生硬地介绍自己的产品，缺乏创意和吸引力。这种近似于传统硬广告的内容形式，严重影响了用户的观看体验，甚至可能导致用户的流失。

2. 内容尺度大

由于短视频广告根植于网络平台的这一特性，与传统广告相比存在显著的区别。这些广告不再将推销产品作为首要任务，而是更多地将推广的产品融入娱乐内容之中。这些广告内容或因广告而增添了娱乐价值，或者本身就具备娱乐性，从而使得娱乐的价值逐渐超越了商品本身的价值。

图6-16

然而，这样的策略往往导致短视频广告无法达到预期的效果。以抖音平台为例，某些广告过于追求娱乐性，以至于商品本身的价值未能得到充分凸显。用户在观看完这些广告后，虽然觉得有趣，但并未对产品信息产生深入的了解和兴趣。如图6-16所示，明明是解说动漫的视频内容，结果却插入二手车广告，这不仅不会达到预期的广告效果，反而会使用户对该视频感到讨厌。

3. 可信度较低

短视频广告的制作门槛相对较低，技术要求也并不苛刻，这使得很多制作者过分追求经济效益，而忽视了广告的真实性和质量。在这样的市场环境下，一些广告商更倾向于选择那些代言费用相对较低，但具有广泛影响力的网络红人进行合作。然而，这种选择往往也为一些不良商家提供了可乘之机，他们利用短视频广告平台，将劣质产品推向市场，借助网络的力量进行广泛传播。

当用户在接触到这些广告后，如果发现所推荐的产品存在质量问题或不符合预期，他们会对短视频广告产生不信任感。例如，某美妆网络红人在短视频广告中推荐的商品被相关部门检测出不合格，这一事件迅速引发了用户的不信任言论，对短视频广告的整体形象造成了负面影响，如图6-17所示。

图 6-17

4. 内容造假

在当前的短视频制作与传播环境中，内容造假的现象屡见不鲜，已经形成了不良的风气。由于制作方在内容发布过程中占据主导地位，他们有权决定哪些内容得以展示，因此为了追求更高的关注度、粉丝数量，以及流量和收益，部分制作方不惜发布一些具有话题性但缺乏真实性的信息。这类虚假内容常以"新鲜事"为噱头，通过截取视频片段进行断章取义，甚至伪造热点事件和假新闻等手段，在短视频平台上频繁出现。

这些乱象不仅破坏了网络空间的纯净与健康，更对用户的价值观产生了负面影响。虚假信息的传播可能导致用户对社会现象和事件产生误解，进而扭曲他们的价值判断和行为取向。

5. 内容低俗

内容低俗是市场自由竞争中道德缺失的一种体现。为了迎合受众口味，吸引更多的流量和曝光，一些用户会选择上传大量的"三俗"（即庸俗、低俗、媚俗）内容，试图满足受众的猎奇心理。这种做法实质上是一种不正当的竞争手段，它无视了社会的公序良俗。鉴于短视频平台的受众群体以年轻一代为主，其中还包括未成年人，低俗内容的传播极易使他们的价值观产生扭曲，甚至导致道德败坏和行为规范的失常。因此，我们必须对这种现象予以高度重视，并采取有效措施进行治理。

6.3.3　视频号爆款误区

众多运营者都怀揣着打造爆款视频号的梦想，然而在实现这一目标的道路上，他们往往容易陷入一些误区。

1. 缺乏受众分析

在打造爆款视频的过程中，粉丝扮演着双重角色：他们既是信息的受益者，又是信息的传播者，两者对视频的火爆缺一不可。如果受众只是观看而不愿意传播，那么视频成为爆款的可能性将大大降低。因此，前期必须深入了解受众的需求和特点。

（1）分享精神是受众的一种重要生活方式。他们通过分享来表达自己的需求、观点、个性和喜好，或者是为亲朋好友提供有用信息，以此体现自己的价值。

（2）娱乐需求也是受众的一大特点。新奇、幽默和焦点元素等能够满足受众的娱乐需求，特别是八卦类娱乐内容，更能帮助用户放松心情。

（3）社交需求也是受众在分享短视频时的重要动机。他们会在分享时附加对短视频的看法，希望通过这些视频找到志同道合的人。在讨论短视频的过程中，受众会建立新的关系，并通过再次分享来扩展人脉网络。

（4）猎奇心理是人的天性，一旦视频能够满足大众的猎奇心理，它就具备了吸引观众眼球的卖点和看点。

2. 不了解爆款特征

对内容创作者而言，深入剖析爆款视频的特征有助于他们更准确地把握受众的喜好，创作出更符合市场需求的内容。下面是爆款视频的一些特征。

（1）原有元素微创新：对大众熟知的事物，如电影、电视、人物、事件等进行再次创作。

（2）剪辑手法创新：在视频广告中，放弃普通的叙事手法，通过剪辑等进行再创作。

（3）"梗"的转化："梗"代表高效率的信息传递。在短视频中，"梗"可以呈现视频主题，以绚烂的视觉效果吸引大众视线。转化为信息元素，作为品牌商和大众沟通的桥梁，快速拉近品牌与受众之间的距离。

3. 视频缺乏可见度

可见度无疑是短视频的核心指标，它直接决定了视频能否被用户察觉。站在客户的立场上，如果短视频无法吸引用户的目光，那么其他任何指标都将失去意义。因此，我们必须积极拓展多元化的传播渠道，以提升视频的可见度。同时，还需结合多种操作手段，如积极转发、短视频预热、前期引导及后期保持热度等，从而激发内容的二次传播效应，确保短视频能够在用户中引起广泛的关注和讨论。

6.3.4　企业视频号运营误区

视频号为企业带来了丰富的宣传与销售机会，企业利用视频号不仅是为了宣传产品、提升品牌的知名度，更是希望实现产品的广泛曝光与高效销售。然而，在企业运营视频号的过程中，也常常会陷入一些误区。那么，这些误区具体有哪些呢？

（1）忽略产品特点：企业在进行视频号推广时，不能忽视产品的核心特点。仅仅将广告硬性地植入视频，而不能准确描绘产品的独特之处，这样的推广效果往往不佳。企业应当让视频内容充满内涵和趣味，同时保持实用性，简洁明了地展现产品的特点，并从不同角度满足受众的需求，从而准确地传达产品的价值。

（2）忽略交互作用：企业视频号应加强与用户的互动，特别是与产品相关的交流。及时回应用户的反馈，通过视频展示与互动交流的结合，使用户更深入地了解产品，进而提升对品牌的兴趣。

（3）忽略商品营销：企业不应仅将视频作为品牌宣传的工具，而忽视其营销属性。通过视频号进行商品营销，能够充分利用视觉、听觉等多感官体验，以较低的成本实现高效的宣传效果，提升用户的体验感。

（4）忽略热度效应：热度效应也是视频号推广中不可忽视的一环。利用热度效应，短视频广告能够获得更多关注，并通过裂变效应实现更广泛的传播。尽管视频号仍在不断发展中，但其潜在的发展空间巨大，企业应充分利用这一

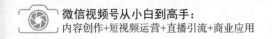
优势。

（5）忽略体验营销：体验营销在短视频推广中占据重要地位。用户的体验感是影响其购买决策的关键因素。因此，企业可以通过让视频中的主人公亲身体验产品，展示产品的性能和使用方法，增强用户的感知和交互感，进而提升营销效果。这种方式不仅能充分展示产品的优势，还能激发观众的参与热情，实现更好的营销目标。

第 7 章

引流： 快速涨粉领悟重要方法

　　许多热门社交平台通常都聚集了大量用户，对视频号运营来说，这些社交平台潜藏着大量的粉丝，如果能够通过一定的方法将这些社交平台的流量引至视频号，便可以直接实现粉丝量的快速增长。

7.1　视频号引流

在运营视频号的过程中，合理推广是非常重要的一步，想要走好这一步就要了解各种引流方式。本节为大家介绍几种常见的引流方式。

7.1.1　朋友圈引流

在社交媒体的浪潮中，朋友圈早已成为人们日常生活的一部分。它不仅是人们分享生活点滴、交流情感的平台，更是一个潜在的巨大流量池。对视频号运营者来说，巧妙利用朋友圈进行引流，不仅能够快速扩大账号的影响力，还能有效吸引目标受众的关注。下面将详细介绍朋友圈引流的优势和朋友圈引流需要注意的事项。

1. 朋友圈引流的优势

对视频号运营者来说，虽然朋友圈一次传播的范围较小，但是从对接收者的影响程度来说，却具有其他一些平台无法比拟的优势。

（1）用户黏性强，很多人每天都会去翻阅朋友圈。

（2）朋友圈好友间的关联性、互动性强，可信度高。

（3）朋友圈用户多、覆盖面广、二次传播范围大。

（4）朋友圈内转发和分享方便，易于短视频内容的传播。

2. 朋友圈引流需要注意的几点

那么，在朋友圈进行短视频推广，视频号运营者该注意什么呢？笔者认为有以下三点。

（1）要设置引人注目的封面。因为用户一般是根据封面呈现的内容，决定要不要点击查看短视频。

（2）在推广短视频时要做好文字描述。因为一般来说，呈现在朋友圈中的短视频，好友看到的第一眼是就是"封面"，没有太多信息能让用户了解该视频内容，因此要在短视频前面放上重要信息，如图7-1所示。

（3）利用短视频推广商品时要利用好朋友圈的评论功能。朋友圈中的文本如果字

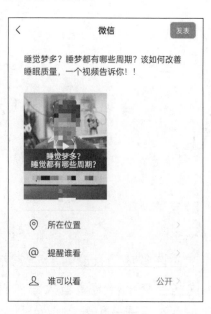

图 7-1

数太多，会被折叠起来，为了完整地展示信息，运营者可以将重要信息放在评论里展示。这样就会让浏览朋友圈的人看到推送的有效文本信息，这也是一种比较明智的推广短视频的方法。

7.1.2　公众号引流

微信公众号实质上是一个允许个人和企业等主体发布信息，并通过精心运营来提高知名度和塑造品牌形象的平台。对视频号运营者来说，如果他们希望选择一个拥有庞大用户基数的平台来推广自己的短视频内容，并期望通过长期的内容积累逐渐建立起自己的品牌或个人影响力，那么微信公众平台无疑是一个理想的选择。

在微信公众号上，视频号运营者可以利用多种方式借助短视频进行推广。其中，两种最常用的形式是"标题+短视频"和"标题+文本+短视频"。这些形式不仅能够帮助运营者吸引用户的注意力，还能有效地引导用户点击和观看视频，从而实现短视频的推广和引流。图7-2所示是一些在微信公众平台进行短视频推广引流的成功案例，以供参考和学习。

图7-2

不论运营者选择哪种形式，都要确保短视频的内容和主题思想得到清晰的呈现。而在利用短视频进行推广时，他们并不局限于推广单个视频。如果视频号运营者制作的是一系列具有相同主题的短视频，完全可以将这些视频组合在一篇文章中，进行联合推广。这种推广方式更有助于受众深入理解短视频内容及其所推广的主题，从而提升推广效果。

7.1.3　话题引流

话题有很好的引导和引流作用。添加话题后，用户在搜索关键词时也能搜到该视频动态。如图7-3所示，在搜索框内输入"#热门#"和"#旅游#"，即可出现带有"热门"和"旅游"的话题的相关视频动态，这是一个提高视频曝光度的好方法。

图 7-3

除此之外，点击话题可进入话题所在的页面，在该页面中能够看到与话题相关的视频，如图7-4所示。

图 7-4

　　由图7-4可看出，在话题页面中能看到一些相关的热门视频动态，这些视频不仅达到了10万以上的点赞量，而且广大用户还能参与视频互动，这样有助于运营者提高用户黏性和活跃度。参与话题的方式也很简单，在发布视频动态或图片动态时，点击"#话题"按钮，输入与视频内容相关联的话题关键词，然后发表即可，如图7-5所示。

图 7-5

一条动态可以添加的话题个数不限，同一条动态可添加多个与之相关的话题，如图7-6所示。

图 7-6

7.1.4 视频号互推引流

在运营视频号的过程中，通过在视频内或评论区等地方与知名大号进行互推的方式，可以构建视频号营销矩阵，即两个或以上的视频号运营者达成协议，相互推广，以此实现互利共赢的目标。

为提升视频号的曝光度和粉丝数量，大家可以积极寻求与其他视频博主的合作。这种合作可以是有偿的，也可以是无偿的，通过彼此间的视频号推广，特别是在相同领域内进行互推，能够迅速增加曝光量，进而快速吸引大量粉丝，效果显著。

然而，在选择互推的视频号时，应避免与自身账号类型过于相似的对象，因为这可能引发竞争关系。相反，寻找那些与自身账号具有互补性的视频号进行合作是更为明智的选择。例如，如果你的视频号主要推送与健身用品相关的内容，那么在选择互推对象时，可以优先考虑那些发布瑜伽、健身操等课程的账号。这样，能够吸引到更具潜在价值和转化可能的粉丝群体。

7.1.5 评论引流

评论区引流主要是一种策略，其核心在于关注那些与自身领域或行业相关的账号，并在他们的热门视频作品下留下评论。以美食教程类视频作品为例，如果一个视频号下方出现了从事食品行业的博主，那么在评论区巧妙地进行宣传，那些对该食品感兴趣的用户很有可能会被吸引，进而主动打开该博主的主页进行浏览，如图7-7所示。这种方式可以有效地引导潜在用户关注并了解相关账号，实现有效的流量引流。

图 7-7

除了在同领域的账号中发表评论，还有一种方法是直接评论热门作品，热门作品的特点是流量大、竞争激烈。热门视频引流有两个诀窍，下面分别介绍。

（1）利用"小号"去热门作品中进行评论。例如，想看更多精彩视频请点击"×××"（"大号"名字）。使用这个方法时需要注意，"小号"的头像、简介、背景图等资料都要专业并且领域垂直，这样吸引的用户才精准。

（2）直接利用"大号"对热门视频进行评论。例如，"想看更多精彩视频，点我有惊喜。"使用"大号"进行评论需要注意次数不能过于频繁。

7.1.6　原创视频引流

在众多引流方法中，原创视频引流无疑是最直接且高效的选择。除了之前提及的在账号信息中留下联系方式，大家更应着重关注视频内容的质量，通过制作优质的内容来吸引和留住粉丝。

微信视频平台注重真实内容的分享，鼓励用户用心经营自己的视频号。大家可以按照前述方法，持续记录日常生活，分享实用干货，确保内容积极健康且富有个人特色。这样不仅能自然吸引用户的关注，还能让作品得到平台更多的推荐。只要遵循这些原则，持之以恒地创作和分享，就一定能在微信视频平台上建立起自己的影响力，实现有效引流。

7.1.7　矩阵引流

矩阵引流指的是一个人或一个企业同时申请不同的账号并运营，以此打造一个较为稳定的私域流量池。

做矩阵引流所需的人力成本会高一些，因为做一个优质的视频号矩阵需要团队的支持，短视频出镜人、拍摄人员、后期剪辑和运营推广缺一不可，这是保证账号矩阵顺利运营的基础。

矩阵引流的好处有很多，它可以全方位展示品牌的特点，扩大影响力，并形成链式传播进行内部引流。微信是一个非常完善的商业体系，无论从引流还是从变现角度来看，都可以将用户直接引至微信公众号、微信视频号和个人微信号，在微信中就能完成商业闭环。

这种引流方式在微信中是具有很强的优势的。在其他自媒体平台，利用软文导流一般是不允许放入自己其他平台的联系方式的，但是在微信视频号中可以放入自己的个人联系方式，评论区还能放入公众号链接。

视频号矩阵可以最大限度地降低账号运营风险，也就是俗话说的"不把鸡蛋放在同一个篮子里"。多个账号一起引流，无论是引流增长粉丝，还是后期变现，都能达到更好的效果。在进行矩阵引流时，运营者需要注意以下事项。

（1）账号的内容不违规，遵守平台规则。

（2）每个账号的定位都不一样，不同账号对应不同的目标用户。

（3）每个账号的内容不跨越大领域，以小而美且真实的内容作为主流内容。

在运营视频号矩阵时，定位不能过高，但也不能过低，更不能错位，在保证主账号发展的同时，其他账号也要顺利成长。

例如，华为公司的视频号主账号为"华为"，其子账号有"华为终端""华为商城"等，分管不同领域短视频内容的推广引流，如图7-8所示。

图 7-8

7.2 其他平台引流

除了通过视频号内部进行引流，还可以利用多个其他平台进行引流。接下来将为大家详细介绍如何通过资讯平台实现引流。

7.2.1 百度引流

百度作为大众广泛使用的搜索引擎之一，无疑在互联网计算机端拥有强大的流量入口地位。尤其是对那些拥有自身产品的视频号运营者或是企业机构来说，利用百度进行引流确实是一种高效的推广方式。

具体而言，视频号运营者可以通过百度旗下的三个平台——百度百科、百度知道和百家号，来实现推广引流的目标。接下来将逐一解读这三个平台的特点和引流策略。

1. 百度百科引流

百科词条是百科营销的主要载体，做好百科词条的编辑对视频号运营者来说至关重要。百科平台的词条信息有多种分类，但对运营者引流推广而言，主要的词条形式包括4种，具体如下。

（1）产品百科。产品百科是消费者了解产品信息的重要渠道，能够起到宣传产品，甚至是促进产品使用和刺激消费者产生消费行为等作用。

（2）行业百科。运营者可以以行业领头人的姿态，参与行业词条信息的编辑，为想要了解行业信息的用户提供相关行业知识。

（3）企业百科。运营者所在企业的品牌形象可以通过百科来展现，某些汽车品牌在这方面就做得十分成功。

（4）特色百科。特色百科涉及的领域十分广泛，例如名人可以参与自己相关词条的编辑。图7-9所示为某知名美妆博主的相关内容。在该百科词条中，首先对其进行了介绍，引起搜索者的兴趣，从而提高了该人物的曝光率。

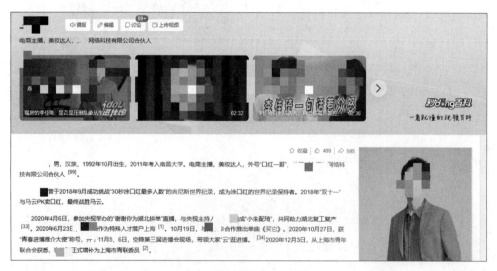

图 7-9

2. 百度知道引流

百度知道在网络营销方面具有很好的信息传播和推广作用，运营者尤其是有自己产品的运营者或企业机构，利用百度知道平台，通过问答的社交形式，可以快速、精准地定位客户。百度知道在营销推广上具有两大优势：精准度和可信度高。这两个优势能形成口碑效应，对网络营销推广来说尤为珍贵。

通过百度知道来询问或作答的用户，通常对相关事务有很大兴趣。比如，有的用户想要了解"有哪些饮料比较好喝"，部分饮料爱好者可能会推荐自己喜欢的饮料，提问方通常也会接受推荐并去试用。图7-10所示是为关于新手养宠物的相关问答信息。

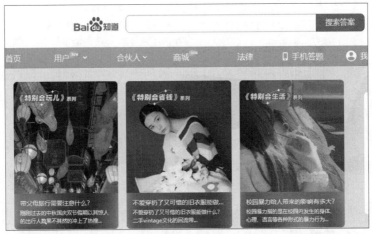

图 7-10

视频号运营者也可以沿用这一模式，即对百度知道中提出的有关视频号的问题进行解答，在解答的过程中添加自己的视频号信息，吸引用户前往视频号平台搜索并关注你的视频号。

3.百家号引流

百家号作为百度旗下的自媒体平台，自2013年12月上线以来，一直为运营者提供发布文章、获取收益的机会。在百家号平台上，运营者可以通过发布高质量文章吸引读者，平台则根据文章的阅读量给予相应的收入回报。此外，百家号还依托百度新闻的丰富流量资源，为运营者提供账号推广和流量扩大的支持。

值得一提的是，百家号不仅是一个宣传品牌和产品的渠道，同时也是一个实现收益的平台。视频号运营者在引流的同时，还能通过内容的发布在百家号上获得一定的经济回报。这些收益主要来源于3大渠道。

（1）广告分成：百度在平台上投放广告，并从广告盈利中采取分成的形式与运营者共享收益。

（2）平台补贴：收益的重要来源。包括文章保底补贴，以及针对优质内容创作者的百+计划和百万年薪作者的奖励补贴，旨在鼓励运营者创作更多有价值的内容。

（3）内容电商：一个不可忽视的收益渠道。通过在内容中插入商品链接，运营者可以根据产生的订单量和分佣比例来计算收入，实现内容与商业的有机结合。

7.2.2　今日头条引流

今日头条不仅是一款基于用户数据行为的推荐引擎产品，还是一个短视频内容发布与变现的重要平台，能够为用户提供精准的信息服务。在短视频领域，今日头条不仅推出了三款独立的产品——西瓜视频、抖音短视频和火山小视频，还在其App内集成了短视频功能，为用户提供了多样化的内容消费体验。

视频号运营者可以充分利用今日头条这一平台，发布视频号短视频，实现引流目的。接下来将详细介绍具体的操作方法。

（1）进入今日头条App，点击"首页"界面右上角的"发布"按钮，如图7-11所示。

（2）执行操作后，则会弹出一个发布界面，点击界面中间的"+"上传按钮，如图7-12所示。

图 7-11

图 7-12

（3）进入上传界面后，用户可选择需要上传的视频或图片，如图7-13所示。

（4）执行操作后，进入发布界面，编辑好视频文字内容，点击"发布"按钮即可，如图7-14所示。

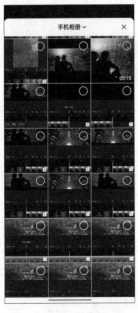

图 7-13

图 7-14

7.2.3 爱奇艺视频引流

在短视频发展如火如荼之际，爱奇艺推出了信息流短视频产品和短视频业务。一方面，在爱奇艺App的众多频道中，有些频道是以短视频为主导的，如大家喜欢的资讯、热点和搞笑短视频等；另一方面，它专门推出了爱奇艺纳逗App，这是一款基于个性化推荐的以打造有趣和好玩资讯为主的短视频应用。

图7-15所示为爱奇艺的界面截图，用户可以在爱奇艺的个人中心找到"创作中心"选项，然后选择该选项进入创作中心界面，上传自己的短视频。

图 7-15

视频号运营者可以便捷地点击"上传/剪辑"按钮，上传自己精心制作的短视频。为了确保最佳的引流效果，建议上传的视频内容与视频号定位相符。同时，在发布视频时，可以附上对视频号的介绍，以便观众在欣赏视频的同时，了解并关注你的视频号。

7.2.4 优酷平台引流

优酷作为国内较早成立的视频分享平台，始终秉承着"快者为王"的产品理念，致力于为用户提供快速播放、快速发布和快速搜索的优质服务，以满足多元化的用户需求。该平台支持用户在个人中心上传自己的视频内容，为运营者提供了广阔的创作与分享空间。如图7-16所示，在优酷的个人中心页面，运营者只需简单点击"+"上传按钮，便可轻松上传自己喜爱的视频。此外，在上传视频的过程中，运营者还可以通过对视频进行描述，介绍视频的来源等相关信息，以吸引更多用户的关注，进而提升视频号的曝光度和影响力。

图 7-16

7.2.5 音频平台引流

音乐和音频作为一种特殊的媒介，其显著特点在于能够通过听觉传递信息，这一特性使得音乐和音频平台始终拥有稳定的受众群体。对视频号运营者而言，有效利用这些受众，将其从音乐和音频平台引导至微信视频号，可以显著促进账号粉丝的快速增长。

以QQ音乐为例，作为国内颇具影响力的音乐平台之一，它深受众多用户的喜爱，成为他们手机中必不可少的App。而在QQ音乐的"排行榜"功能中，特别设置了"抖音快手排行榜"，用户只需轻松点击，即可浏览抖音上的热门歌曲，如图7-17所示。

图 7-17

因此，对运营视频号的创作型歌手而言，发布自己的原创作品是关键。只要这些作品在抖音上的流传度较高，便有可能被选入排行榜，进而增加曝光度。一旦QQ音乐的用户听到这些作品并觉得满意，他们很可能会选择关注创作者的视频号，从而为创作者带来可观的流量增长。这一机制为创作型歌手提供了一个有效的推广渠道，有助于他们扩大影响力并吸引更多的粉丝。

7.3 线下变现

除了线上各大平台的变现途径，线下渠道同样不容忽视，它也为视频号引流提供了广阔的空间。目前，从线下平台到视频号的引流方式主要有3种，本节将对这3种方式进行详细的解读。

7.3.1 线下宣传引流

在微信视频号运营中，一个直接有效地增加粉丝的策略是通过线下宣传来吸引更多路人的关注。具体操作如下：首先，运营者需要将视频号的二维码保存到相册，之后可以将其打印出来。接着通过发放传单或者将二维码放置在店铺的显眼位置，让更多人看到并扫码添加好友，进而关注视频号。这种方式不仅扩大了视频号的曝光范围，还有助于吸引更多潜在的粉丝，为视频号带来稳定的流量增长。

7.3.2　线下拍摄引流

对于拥有实体店的视频号运营者，线下拍摄无疑是一种既简单又高效的引流策略。具体来说，线下拍摄主要分为两种方式：一种是运营者及相关人员自主拍摄，另一种是邀请进店的消费者参与拍摄。

当运营者及相关人员亲自拍摄短视频时，他们的创意和热情往往能够吸引路人的目光，激发他们的好奇心，进而为店铺带来流量。一经上传这些短视频并受到用户的喜爱，这些用户很可能会选择关注你的视频号，进一步增加你的粉丝量。

另一方面，邀请进店的消费者参与拍摄则能够拓宽店铺的宣传渠道。消费者的真实体验和分享往往更具说服力，这样的短视频可以让更多用户了解到你的店铺及相关信息，从而实现店铺和视频号的双重引流效果。

7.3.3　线下转发引流

如果仅通过邀请消费者拍摄短视频的方式未能取得显著效果，视频号运营者可以考虑采取更具吸引力的策略——在实体店推出转发优惠活动。具体而言，鼓励消费者将拍摄好的短视频分享至微信群、朋友圈等社交平台，以此提高店铺和视频号的曝光度和知名度。

为了激发消费者的转发热情，运营者可以设定不同的优惠条件，比如根据转发的数量或转发后获得的点赞数来提供相应的优惠。这种激励机制能够促使消费者更积极地参与转发，从而取得更好的宣传效果。通过这种方式，不仅能够有效地提升店铺和视频号的知名度，还能与消费者建立更紧密的互动关系，为未来的经营发展奠定坚实基础。

第8章

变现：多种转化方式轻松赚钱

　　从图文时代的微博、公众号、头条，到短视频时代的抖音、快手等，内容营销再次迎来了红利期，数以亿计的用户成为移动互联网用户，在此基础上，短视频市场呈爆发式增长。本章就向大家介绍视频号的常见变现方式和一些变现所需要的准备等。

8.1 视频号6种常见的变现方式

对运营者来说，运营视频号的目的，除了想要分享自己的生活和观点，还希望通过运营视频号来获利，也就是希望通过视频号变现。下面介绍6种视频号常见的变现方式。

8.1.1 自营店铺变现

视频号作为一个广泛开放的平台，鼓励每个人创作和分享生活中的美好瞬间。然而，随着短视频行业逐渐实现商业化，尤其是抖音、快手等平台在变现模式上的成功，视频号也逐渐被市场寄予厚望，其潜在的商业价值受到外界的一致看好。

对于那些拥有店铺的视频号运营者，他们拥有一种得天独厚的变现方式——通过自营店铺直接销售商品。这种方式不仅便捷高效，而且运营者可以利用短视频直观地展示自己的产品，如图8-1所示，吸引视频号用户的注意力，从而激发其购买欲望。

图 8-1

而用户看到短视频后，只需点击视频进入视频号主页，然后再点击商品橱窗即可购买商品，如图8-2所示。

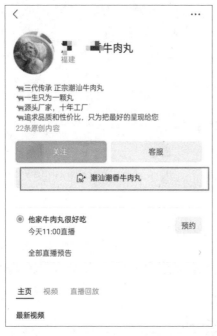

图 8-2

8.1.2　博主带货变现

带货卖货这种变现方式比较常见，人们熟知的就有"口红一哥"等网红"大V"，他们就是通过直播带货赚取收益的。

运营者可以将自己带货卖货的短视频事先剪辑处理好，然后发布在视频号上，让用户在观看视频的时候对产品产生兴趣，然后购买该产品。

当视频号有一定的粉丝基础之后，就会有品牌方找你为他们的品牌带货，然后给你广告费，这是一种比较理想的带货变现方式。

运营者可以根据自己视频号的账号定位来选择带货的产品，一般符合视频号定位的产品售卖效果会更好，效果好才能得到其他同种类型客户的青睐，从而有更多的广告主愿意在你的视频号投放广告。

例如，某视频号就得到了某些淘宝店铺的青睐，于是该视频号很多短视频都添加了淘宝链接，帮淘宝商家推广商品，同时获得相应的广告费。图8-3所为某视频号带货短视频的截图。

图 8-3

8.1.3　售卖课程变现

对于部分自媒体和培训机构，可能无法为消费者提供实物商品，但只要自媒体和培训机构拥有足够的干货内容，同样能够通过视频号平台获取收益。比如，在视频号平台通过开设课程招收学员的方式，借助课程费用赚取收益，如图8-4所示。

图 8-4

8.1.4 添加分销链接

随着新媒体领域的蓬勃发展，分销变现逐渐崭露头角，成为众多新媒体运营者青睐的变现方式。尤其那些没有自己店铺或产品的运营者，分销不仅为其提供了一个可行的变现途径，更是一个相对稳定的收入来源。

这种分销模式同样适用于视频号变现，意味着视频号运营者可以通过协助其他商家销售商品，从中赚取佣金。对视频号运营者而言，这无疑是一种高效且灵活的变现策略。

当前，市场上涌现出众多可供分销的平台，如多多进宝、淘宝联盟、微盟、有赞商城等，它们为运营者提供了丰富的商品资源和便捷的分销渠道。下面以淘宝联盟为例，深入解析分销的基本运作方式。

（1）用户下载并注册淘宝联盟，然后进入主界面选择符合自己视频号定位的产品，也可以在界面上方的搜索框中输入自己想要推广的产品，如图8-5所示。

图 8-5

（2）在找到自己想要推广的产品后，点击"赚"按钮，如图8-6所示。执行操作后，就会弹出分享界面，点击"一键分享"按钮，如图8-7所示，即可自动保存图片、文案和口令。

图 8-6

图 8-7

（3）随后进入视频号界面，点击"发表视频"按钮，如图8-8所示。

（4）执行操作后，就会弹出拍摄界面，在界面下方点击"从相册选择"按钮，如图8-9所示。

图 8-8

图 8-9

（5）然后在相册中找到刚刚保存的图片并依次上传，如图8-10所示。

（6）将图片上传后，就会弹出发表界面，随后将复制的文案和口令粘贴至文本框内，如图8-11所示，点击"发表"按钮，即可发布。

图 8-10

图 8-11

用户除了可以在发现界面中挑选商品，还可以在榜单和跟推广场中选择商品，这里可以看到有哪些商品是销量好的，同样也可以看到同类型的运营者在推什么类型的商品，可以起到借鉴作用，如图8-12所示。

图 8-12

运营者还可以去淘宝联盟的"我的"界面设置自己账号的基本信息，如图8-13所示为淘宝联盟的"我的"界面。至于推广收益情况，运营者可以去"收益"界面查看，如图8-14所示。

图 8-13

图 8-14

当然，在添加商品时，视频号运营者可以事先查看每单获得的收益。以食品类商品为例，视频号运营者可以直接搜索食品，查看相关产品每单可获得的收益。运营者可选择佣金高的、销量好的产品进行推广。

当用户成功购买该商品之后，运营者就会得到对应的佣金收入。一般来说，产品选得好，佣金收入非常可观。

8.1.5　服务转化变现

视频号运营者可以通过提供各类服务来获得收益，服务的转化方式多种多样。以某运营者在视频号上发布房源信息为例，他正是通过为租房客提供专业服务来实现变现的，如图8-15所示。

这类视频号通常由房屋租赁公司运营，他们将详细的房源信息发布在视频号上，并通过视频简介中的个人微信号，将感兴趣的引流导入到个人微信中。通过这种方式，用户能够获取更全面的房屋信息，进一步了解房源详情，从而更有助于房屋的成功出租。这种服务模式不仅提升了信息的传播效率，也增加了房屋租赁的成交概率，为运营者带来了可观的收益。

图 8-15

视频号并不局限于提供房源信息，它的服务范畴实际上十分广泛。除了发布房源，还可以涵盖招聘、相亲、家教等多种服务类型。运营者可以根据自己视频号的定位和目标受众需求，选择适合的服务类型来提供给用户。

8.1.6　直播收益变现

短视频和直播可以说是分不开的，历经几年的发展，直播行业从一开始的"野蛮生长"，到流量红利，再到优胜劣汰、市场监管，形成了现在人人都可以做主播的良好发展态势，而直播的变现模式也逐渐多元化、清晰化。目前几种常见的直播变现有以下几种。

1. 直播带货

前面提到了博主带货变现，其实就是用户通过短视频内容吸引用户去购买该产品，但直播带货与之不同的就是商家通过直播平台对接主播或者一些直播公会机构，直播售卖货品，当天能成交多少就成交多少，是最为直观的一种合作方式，同时也是很多商家喜欢的合作方式，图8-16所示为某运营者直播带货的截图。它的盈利模式又分为商家合作模式、纯佣金模式和自有店铺带货模式。

商家合作模式的特点：考虑到商品的推广效益，品牌方一般会选择有一定粉丝基数和流量的账号来合作。

纯佣金模式的特点：以抖音为例，即使没有店铺，没有货源，只要开通商品分享功能，就能将商品添加至直播间。

自有店铺模式的特点：这种模式既可以为自己的店铺增加销量获取利润，又可以通过直播带货获取带货佣金。

图 8-16

2. 直播打赏

直播打赏是直播最原始和最基本的变现方式，这完全取决于用户自己是否打赏，也许用户会因为主播的一句话、一个表情、一个动作进行打赏。目前打赏已经成为直播平台和主播的重要收入来源之一，图8-17所示为视频号直播打赏页面，用户点击直播间中的礼物按钮，可以选择想要赠送给主播的虚拟礼物，而这些虚拟礼物都是需要通过充值"微信豆"进行购买的，目前iOS版本中，充值1元可获得7个微信豆，最便宜的礼物是1个微信豆的爱心，而最贵的礼物"桃花岛"则需要30000个微信豆。

图 8-17

3. 付费观看

付费观看也是直播中的一种常见变现方式，除了打赏、直播间带货等与直播内容和自己的产品有间接关系的变现，还有一种与直播本身有着直接关系的变现模式，即优质内容付费。用户需要付一定的费用才可以观看直播。这种付费方式类似于公众号付费阅读，只要内容足够优质、粉丝数量多、主播影响力大、粉丝忠诚度强，即可采取这种方式达到变现的目的。

8.2 视频号挂橱窗变现详解

视频号作为微信旗下的短视频平台，为创作者提供了一个展示才华和吸引粉丝的平台。而在视频号中挂载商品橱窗，则可以将创作者与商业合作相结合，为粉丝购物带来便利。本节将介绍如何在视频号中挂载商品橱窗，并提供一些操作技巧。

8.2.1 视频号带货如何挂商品橱窗

商品橱窗是一个商品列表展示区，开通后显示在视频号个人主页。粉丝或其他用户可以在商品橱窗挑选他们喜欢的商品，也可以将其中的商品添加到直播间进行直播带货。下面将介绍使用视频号挂橱窗的具体步骤。

（1）打开视频号，点击界面右上方的个人中心，在弹出的个人中心界面中点击"创作者中心"选项，如图8-18所示。

图 8-18

（2）执行操作后，在"创作者中心"界面点击"带货中心"按钮，即可进入"带货中心"界面，点击"橱窗管理"选项，如图8-19所示。

图 8-19

（3）运营者可以将已有商店的商品同步到商品橱窗。商品橱窗的商品可展示在视频号直播间和视频号主页商品下，如图8-20所示。

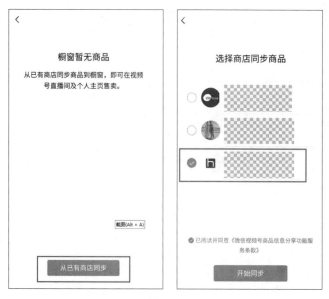

图 8-20

（4）如果商店里暂时没有商品，可以先将商品添加进商店，再同步至商品橱窗，如图8-21所示。

图 8-21

（5）若想下架某商品，左滑商品，显示"移出橱窗"选项，确认后即可将商品移出，如图8-22所示。

图 8-22

（6）已移出橱窗的商品可以通过左滑操作显示"删除"选项，确认后即可将商品删除，如图8-23所示。

图 8-23

8.2.2 带货如何挂视频链接

很多平台都有带货功能，抖音、快手、今日头条这些平台都可以直接带货，挂商品链接。那么视频号该如何进行视频带货呢？下面是具体操作流程。

（1）视频号想要进行视频带货，需要满足几点要求，如图8-24所示。

（2）账号的商品分享权益开通后，在视频发表页面的"链接"里将会增加"商品"选项，如图8-25所示。若没有"商品"选项，则说明你的账号暂未符合商品分享权益的开通条件。

图 8-24

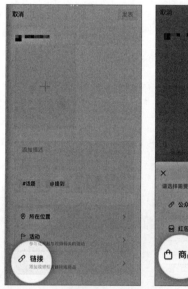

图 8-25

（3）点击商品选项后，即可进入到"选品中心"或"视频号小店"，点击"视频号小店"，进入"添加商品"，然后勾选需要的商品进行上架，再点击"完成"按钮即可完成上架商品，如图8-26所示。

（4）确认好视频内容和购物车商品链接后，可以点击"发表"，即可完成发布视频，如图8-27所示。

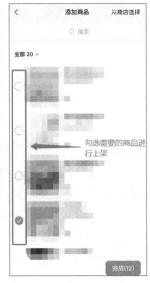

图 8-26　　　　　　　　　　　　　　　　　　　　图 8-27

8.3　视频号变现的3大准备

要想实现视频号的变现，充分的准备工作是必不可少的。本节将重点介绍视频号变现所需的三大准备。

8.3.1　垂直内容

对大多数从事视频号运营的人来说，占领一个特定的垂直细分领域是至关重要的。这不仅是保持账号活跃度的前提条件，更是实现变现的必要途径。

一个账号最好只专注一个细分领域，因此要对粉丝群体进行拆分，做到垂直和专注，而不是面对一个模糊的群体。如果什么内容都做，就无法确定自己的粉丝属性，不知道他们是被哪一块内容所吸引。没有明确的粉丝属性，就不能很好地选择有针对性的变现形式和内容。

从吸引粉丝的角度来看，只要内容足够垂直，用户在观看的过程中就已经完成了对目标用户的筛选，这样他们更有可能接受与视频内容相关联的商品。特别是导购推荐类的评测内容，其效果往往更显著，因为它能更直接地引导用户进行消费决策，从而让运营者离变现的目标更近一步。

垂直内容概括为三大类。

（1）专业类。对于专业类内容，例如编程开发、设计、语言学习及营销策略等，粉丝们在观看时往往抱有强烈的学习愿望，期望通过深入学习这些内容实现快速成长。如图8-28所示为一个编程类博主发布的视频，他通过持续分享编程技巧，输出高质量的干货，从而积累了一批热爱编程的粉丝群体。

（2）阶段身份类，例如考研、母婴、装修、疾病等领域。在人生的某个阶段之前，人们可能对这些领域的内容并无太多感觉。然而，一旦步入这些特定的阶段，对某个垂直领域的内容需求就会急剧增加。这是因为这些领域与人们的生活密切相关，人们需要通过了解和学习这些内容来更好地应对生活中的挑战和问题。如图8-29所示为一名医疗健康科普博主的主页，他主要针对C端普通大众人群的健康问诊及科普咨询服务，主要产品有在线问诊服务的App和小程序。

图 8-28

图 8-29

（3）兴趣爱好类，如旅游、美妆、美食、汽车、游戏等。兴趣爱好往往伴随人们的整个人生，如图8-30所示为某知名旅游博主发布的视频，她通过独特的剪辑手法，将旅行中所看到的美景以炫酷的形式表现出来，并配以独特的文案，从众多的旅游博主中脱颖而出，深受驴友们喜爱，几乎每条短视频都有上万个点赞，自然变现也是水到渠成的了。

图 8-30

在垂直内容领域，一个清晰明确的IP标签对于获得官方推荐至关重要。这种明确的标签不仅影响着账号的粉丝增长速度，还直接决定了其变现方式及盈利的多少。同时，一个鲜明的IP标签还能有效提升内容的引流效果，使其在目标受众中更具吸引力。因此，精心打造并维护一个清晰的IP标签，对垂直内容领域的创作者来说，是提升影响力和实现商业价值的关键步骤。

8.3.2　全网IP经营

无论是个人还是企业，为了提高曝光度、吸引更多流量，并最终实现商业变现，都需要进行全网IP经营，构建自媒体矩阵。这通常意味着运营者需要根据自身特色，选定1～2个核心平台作为主要阵地，同时辅以其他平台，以实现内容的同步发布。当然，运营者也需要根据各个平台的特性，制定不同的内容运营策略，以实现多平台的有效运营。

从平台和内容两个角度出发，自媒体矩阵可划分为3种类型：平台型矩阵——注重平台的多样性和覆盖面；展现型矩阵——更侧重内容的呈现方式和视觉效果；内容型矩阵——强调内容的深度和专业性。每种矩阵都有其独特之处，适用于不同的需求和场景。

（1）平台型矩阵：将同样的内容发布在不同的平台上，比如以视频号＋公众号为主打平台，将相关内容同步分发到其他辅助平台，这是比较容易操作的方式。

（2）展现型矩阵：将同一个内容，以不同的方式展现出来，比如文字视频、图片、音频，再根据不同的展现方式发布在适合的媒体平台，提高曝光度，降低被各平台消重的可能性。

（3）内容型矩阵：在不同的平台发布不同的内容。比如某某博主，在抖音的账号，展示了她的工作场景及努力奋斗的过程；而在视频号中展示了其生活化的一面，让粉丝看到她成功背后的内心世界。虽然内容不同，但目标一致，即从不同的角度塑造IP人设。

自媒体矩阵的协同效应能否实现，关键在于IP人设的统一性。一个统一且鲜明的人设有助于建立更强的信任感，进而吸引更多人的关注，最终促成付费转化。视频号作为新兴平台，为人们提供了打造个人IP的新机遇。要想在这个流量池中脱颖而出，必须抓住视频号的红利期，找准自己擅长的领域，精心规划短视频人设，使其与视频号主流粉丝的调性相契合。

8.3.3　私域流量池

私域流量池是指品牌或个人自主掌控的，可以反复使用并有效触达的流量资源。由于微信作为一个去中心化的头部社交平台，依托用户间的关系链，形成了以社交为基础的私域流量池，因此，企业更倾向于将各个渠道的流量导入微信中，实现流量的沉淀与转化。

通过视频号，企业可以获取公域流量，随后将这些流量导入公众号、小程序等私域流量载体，通过精准的内容推送和优质的服务触达目标客户。此外，企业还会利用微信个人号添加客户，并通过个人会话、微信群聊及朋友圈互动等方式，维护和运营客户关系。

（1）微信公众号：在视频号下方挂公众号推文链接是官方认可并推崇的方式，可为微信公众号导流。同时，公众号可以向粉丝推介视频号及其二维码，以吸引粉丝关注视频号，也可以在视频号链接的文章中内置卡券，但不在公众号公开推送，而是作为视频号专属福利，提升粉丝量。

（2）企业微信：企业微信中有"客户联系""客户群""客户朋友圈"互通功能，大家可以把视频号内容及其二维码群发送给客户、客户群和客户朋友圈，引导互动。

（3）微信好友：将发布的视频内容及时发送给好友，吸引关注、点赞、评论转发。根据视频号推荐机制，好友的互动有助于视频内容获得更多推荐。

（4）微信朋友圈：把视频号内容转发到朋友圈，获得更多互动。

（5）微信群：把视频号内容转发到微信群，号召群友互动。在冷启动阶段，私域流量的助推极为关键。

（6）小程序：小程序里的页面图片可展示视频号，引导用户关注。

（7）其他：公司官网或其他平台都可以推介视频号。当然，推介形式可以多样化，比如扫码即可关注视频号。

8.4　其他提高收益变现的方式

除了前面提到的6种常见的变现方式，视频号运营者还可以通过多种其他途径来提高收益。本节将重点介绍其中的4种变现方式，帮助运营者更好地实现盈利目标。

8.4.1　社群变现

微信视频号的出现，彻底将微信生态的商业系统打通了，进一步提升了微信社群的商业价值，视频号成为社群主打造IP、社群用户互动的新型可视化社交载体，没有视频号，社群用户的信任力打造、内容运营、用户互动等效率会大大降低；没有社群，视频号的涨粉、评论、点赞、直播带货也会变得艰难，可以说视频号和社群是微信社群商业的新机遇，视频号轻创业适合每一个平凡的个体和企业。

社群变现的本质是解决流量和信任问题。视频号的出现正好完美解决了社群的流量问题和信任问题，相比抖音、快手，"视频号+"是微信生态新的一轮社交红利，"视频号+私域社群"将会成为新的商业风口，每个普通人都应该抓住。具体社群变现流程如图8-31所示。

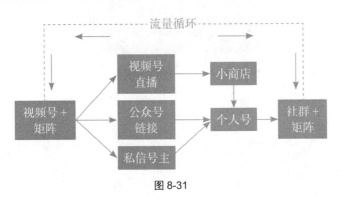

图8-31

8.4.2　线下变现

用户通过视频号浏览线上发布的短视频时，对于那些没有线上店铺但拥有实体店的运营者，关键是如何通过短视频将线上的观众吸引到线下，引导他们亲自到店体验。

如果运营者拥有线下店铺，或者与线下企业有合作，强烈建议认证POI（即信息点，它提供导航中的路况和周边建筑信息，帮助用户快速定位目标位置）。一旦通过认证，运营者将获得一个独特的地址标签，这样只要能在腾讯地图上找到实体店铺，就可以直接在视频号中展示出来。

例如，某些视频号运营者会在视频内容下方标注实体店的具体位置。用户只需点击视频下方的定位信息，即可进入同城动态推荐界面，如图8-32所示。

图 8-32

在这个界面中，用户可以点击"位置详情"按钮，查看店铺的详细信息，包括地址、电话等，如图8-33所示，从而更加便捷地了解和前往该店铺。通过这种方式，视频号不仅为用户提供了丰富的线上内容，还通过POI认证将线上与线下无缝连接，提升了用户体验和店铺的曝光度。

图 8-33

通过这种方式，如果用户认为位置合适且感兴趣，便会前往实体店进行打卡体验。此外，用户可以点击分享按钮，便可将当前页面直接分享给朋友，如图 8-34 所示。这样的设计不仅提升了用户体验，还扩大了实体店的曝光度和影响力。

图 8-34

8.4.3　共赢策略

红人与品牌的合作，核心在于实现销售渠道的精准定位，其效果在很大程度上依赖于红人的个人影响力，同时也存在着小概率的"病毒式"传播效果。以机制成熟的抖音平台为例，众多品牌通过与抖音红人紧密合作，成功提升了自身的知名度。

短视频凭借其独特的魅力，能够创造流行、吸引流量，不仅让观众觉得有趣，还能引导他们积极参与其中。因此，越来越多的品牌倾向于选择与网络红人合作，以宣传自身品牌。这种合作方式不仅具有较高的性价比，其传播效果也可能更为出色。

展望未来，视频号运营者可以通过精心打造个人IP，加强与品牌的合作，实现更高效的商业变现。这不仅有助于提升品牌的曝光度和影响力，还能为运营者带来更多的商业机会和收益。